ABC de VIOLA e VIOLÃO
método prático

TONICO E TINOCO

Nº Cat.: IVFB-2789

Irmãos Vitale S.A. Indústria e Comércio
www.vitale.com.br
Rua França Pinto, 42   Vila Mariana   São Paulo   SP
CEP: 04016-000 Tel.: 11 5081-9499 Fax: 11 5574-7388

© Copyright 1975 by Fermata do Brasil. - São Paulo - Brasil
Todos os direitos autorais reservados para todos os países. *All rights reserved.*

INTRODUÇÃO

Quantos talentos musicais estão por aí escondidos à procura de uma orientação prática, querendo traduzir em notas melódicas esse sentimento musical que guardam dentro de si, represado, esperando apenas uma chance de aprender os primeiros acordes musicais para transformar esse sentimento em doce e singela melodia, dando liberdade a essa alegria incontida de compor suas canções, ou, pelo menos, acompanhar as que deverão nascer da sua fonte de inspiração.

Pensando nisso, TONICO e TINOCO, a "Dupla Coração do Brasil" sentindo que cada sertanejo é um poeta, um músico em embrião que deve ser lapidado para que possa dar de si o melhor de sua inspiração musical, decidiram colocar, ao alcance de todos, os seus vastos conhecimentos de exímios executantes de viola e violão, preparando carinhosamente este trabalho de ensinamento prático desses instrumentos, de uma forma simples e objetiva.

Com esta obra dos queridos artistas, denominada "MÉTODO PRÁTICO VIOLA DE OURO" o "A B C da Viola e Violão de TONICO e TINOCO", eles estão prestando a sua homenagem aos futuros artistas sertanejos, dando-lhes a chance tão esperada de aprenderem, e transformarem seus sonhos em realidade.

ABC DA VIOLA

MÉTODO PRÁTICO PARA VIOLA - DE TONICO E TINOCO

Este método foi organizado de maneira simples, e será fácil para todos aqueles que desejarem aprender a tocar VIOLA.

ENCORDOAMENTO (ATUAL) DA VIOLA

"SI" Violão

"LÁ" Violão

"MI" Violão

"RÉ" Violão

"MI" Especial

"SOL" Violão

"SI" Violão

"SI" Violão

"MI" Violão

"MI" Violão

AFINAÇÃO

AFINAÇÃO EM "MI" — "CEBOLÃO"

Décima para baixo

O parceiro faz a posição em "MI MAIOR" no violão. Então, afina-se o "LÁ" da viola com o "LÁ" do violão preso em "MI". Afina-se o "RÉ" da viola com o "RÉ" do violão preso em "MI". Depois, afina-se o "SOL" da viola com o "SOL" do violão preso em "MI". A seguir, afinam-se os dois "SI" da viola com o "SI" do violão preso em "MI". Depois, afinam-se os dois "MIZINHOS" da viola com o "MI" do violão sempre na posição de "MI MAIOR".

Feito isto, afina-se o "SI" (companheiro do "LÁ") na mesma altura do "SI" a segunda de baixo.

Afina-se o "MI" (companheiro do "RÉ") na altura dos dois "MI" a primeira de baixo.

Afina-se com o "SOL" o "MI" especial (oitavado).

Agora, experimenta-se o som da viola com as cordas soltas no som do violão e na posição em "MI MAIOR". Qualquer corda desafinada sobressai, então, dá-se um reaperto e pronto, a viola está afinada para qualquer posição do violão que segue neste método.

E boa sorte aos novos violeiros do nosso Brasil Sertanejo.

TONICO e TINOCO

AFINAÇÕES USADAS NAS DIVERSAS REGIÕES

Obedecem as afinações aos diversos costumes das diferentes regiões do País.

No interior paulistano são usadas as "QUATRO PONTOS" e "RIO ABAIXO". Em Goiás o sistema "GOIANO", "GOIANÃO", "TRÊS DEDOS", ou ainda, para "porfias" e "desafios" é muito usado o "GOIANINHO". Em Minas Gerais, adotou-se o "PONTIADO", "CANA-VERDE", "TEMPERO MINEIRO". No Paraná usa-se "CORDA BAMBA", "PAULISTINHA". No Rio Grande é muito usado o "PONTO BAIXO" e "MINUANO". Em Santa Catarina, a afinação é "CHULA". Em Mato Grosso "ARPEJO" e "SOM DE GUITARRA". Para os lados do Norte dá-se a denominação de "TEMPERÃO", "PONTEIO" e assim por diante.

Os "violeiros" de cada região criam vários estilos de afinação por duas razões, a saber:

PRIMEIRO — Para que outros violeiros não consigam com facilidade as suas melodias. Para apresentarem em suas exibições, suas novidades e suas criações.

SEGUNDO — Para "mexerem" o menos possível nas cordas da viola, conseguindo desta forma o maior número de cordas soltas, obtendo assim mais som em seus repicados.

A afinação que estamos apresentando ao aluno neste método é a denominada "CEBOLÃO" que é, em nossa opinião, a afinação universal da viola, pois a mesma, afinada no sistema "CEBOLÃO", acompanha toda classe de música, uma vez que, batendo a viola com suas cordas soltas, já estará produzindo uma melodia.

GRÁFICO DE UMA VIOLA COM A LEGENDA:
"Estas são as cordas genuínas da viola: 10 cordas".

CURIOSIDADE:

Como as cordas originais, principalmente as amarelas n.º 3 chamadas de "Carretel" pelo motivo das mesmas virem enroladas em carretéis, quebravam com muita frequência, tivemos a idéia, em 1945, de colocar na viola cordas de violão.

Desta forma, colocamos no lugar do "bordão" o "LÁ" de violão e o "SI" também de violão.

No lugar da "Tuera", colocamos o "RÉ" e o "MI" do violão.

No lugar do "canotilho", colocamos o "SOL" de violão e o "MI" de violão-tenor.

No lugar das duas "turinas" colocamos duas cordas "SI" de violão e, no lugar das duas "primas", colocamos duas cordas "MI" de violão.

O resultado desta experiência foi positivo. Afinamos a viola com o violão e o som "casou" perfeitamente. E o que é mais importante: nunca mais as cordas "quebraram".

Foi assim que, em 1945, nasceu o novo encordoamento da viola. Hoje, as casas especializadas o adotaram e vendem o encordoamento completo, desaparecendo os antigos carretéis.

VIOLA

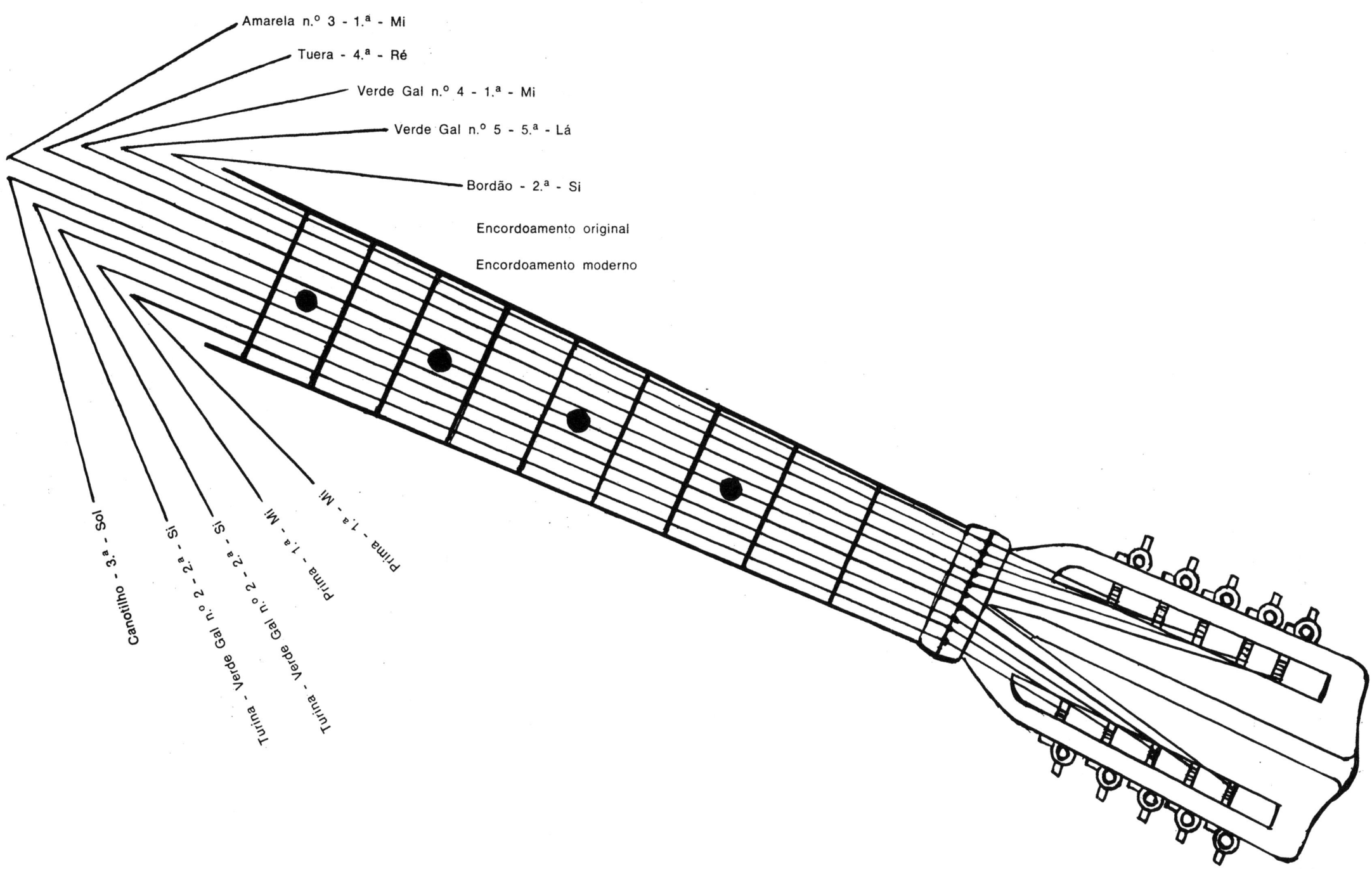

ABC DA VIOLA

Método prático para VIOLA — Autores: TONICO e TINOCO

O presente método foi organizado de maneira simples. Suas lições são objetivas, a fim de que o aluno possa assimilar os ensinamentos, e, logo nos exercícios iniciais, fazer os primeiros acompanhamentos, dando assim uma motivação para o seu aprimoramento e tornar-se um bom violeiro.

Vamos então às primeiras lições:

Inicialmente, vamos pô-lo a par do "encordoamento" da viola, que deve obedecer, não ao antigo (hoje obsoleto), mas sim ao atual, que é o seguinte:

As duas primeiras cordas devem ser: "SI" corda de violão
"LÁ" corda de violão

As duas segundas cordas devem ser: "MI" corda de violão
"RÉ" corda de violão

As duas terceiras cordas devem ser: "MI" Especial
"SOL" corda de violão

As duas quartas cordas devem ser: "SI" corda de violão
"SI" corda de violão

As duas quintas cordas devem ser: "MI" corda de violão
"MI" corda de violão

Com a VIOLA "encordoada" nesse sistema, vamos passar agora à

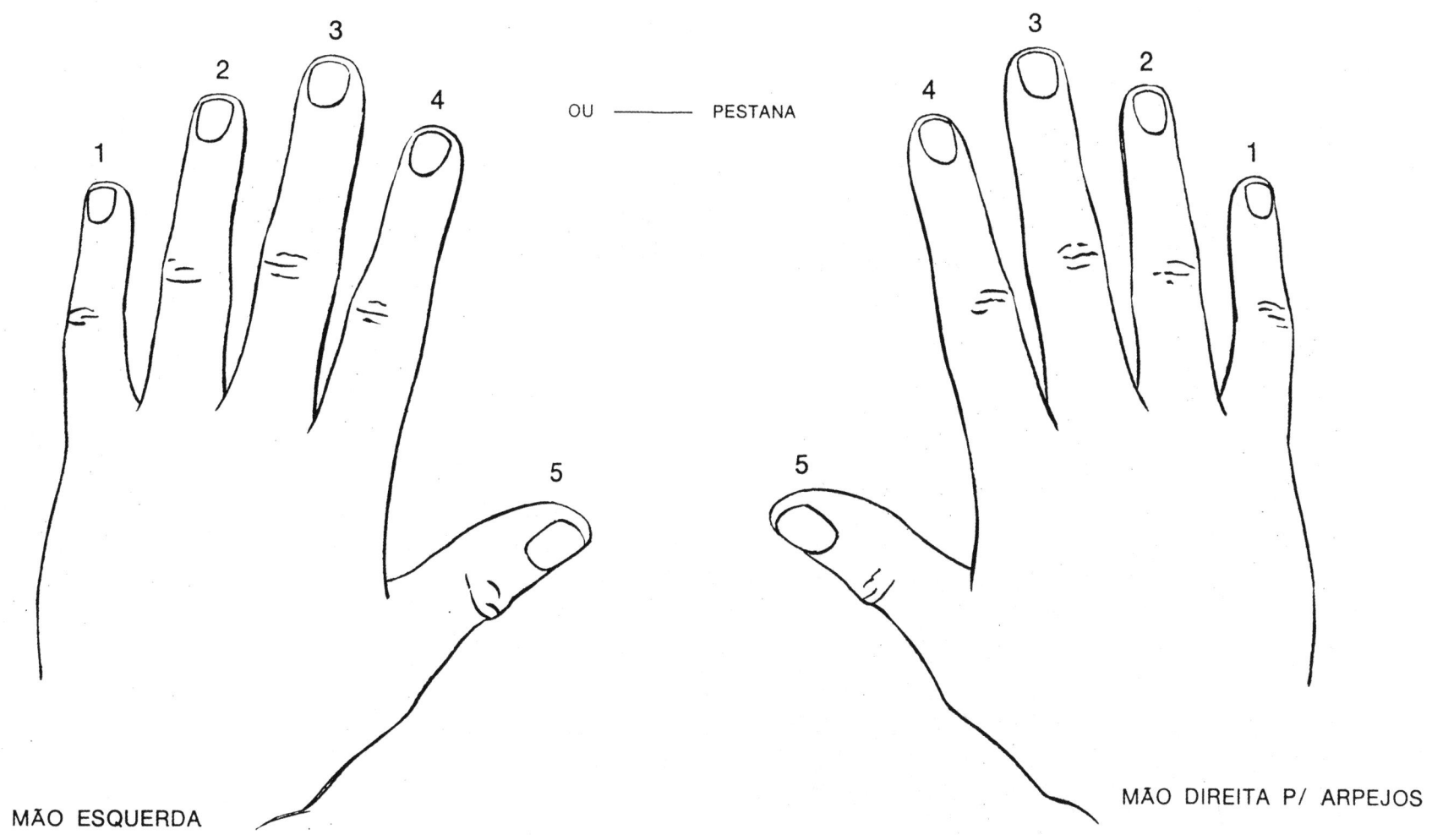

OU ——— PESTANA

MÃO ESQUERDA

MÃO DIREITA P/ ARPEJOS

PARA O ARPEJO SEMPRE SE INICIA COM O N.º 5 — NAS CORDAS TODAS — DEPOIS, COM TODOS OS DEDOS EM TODAS AS CORDAS SOLTAS, OUVINDO A AFINAÇÃO.

1.ª EXECUÇÃO

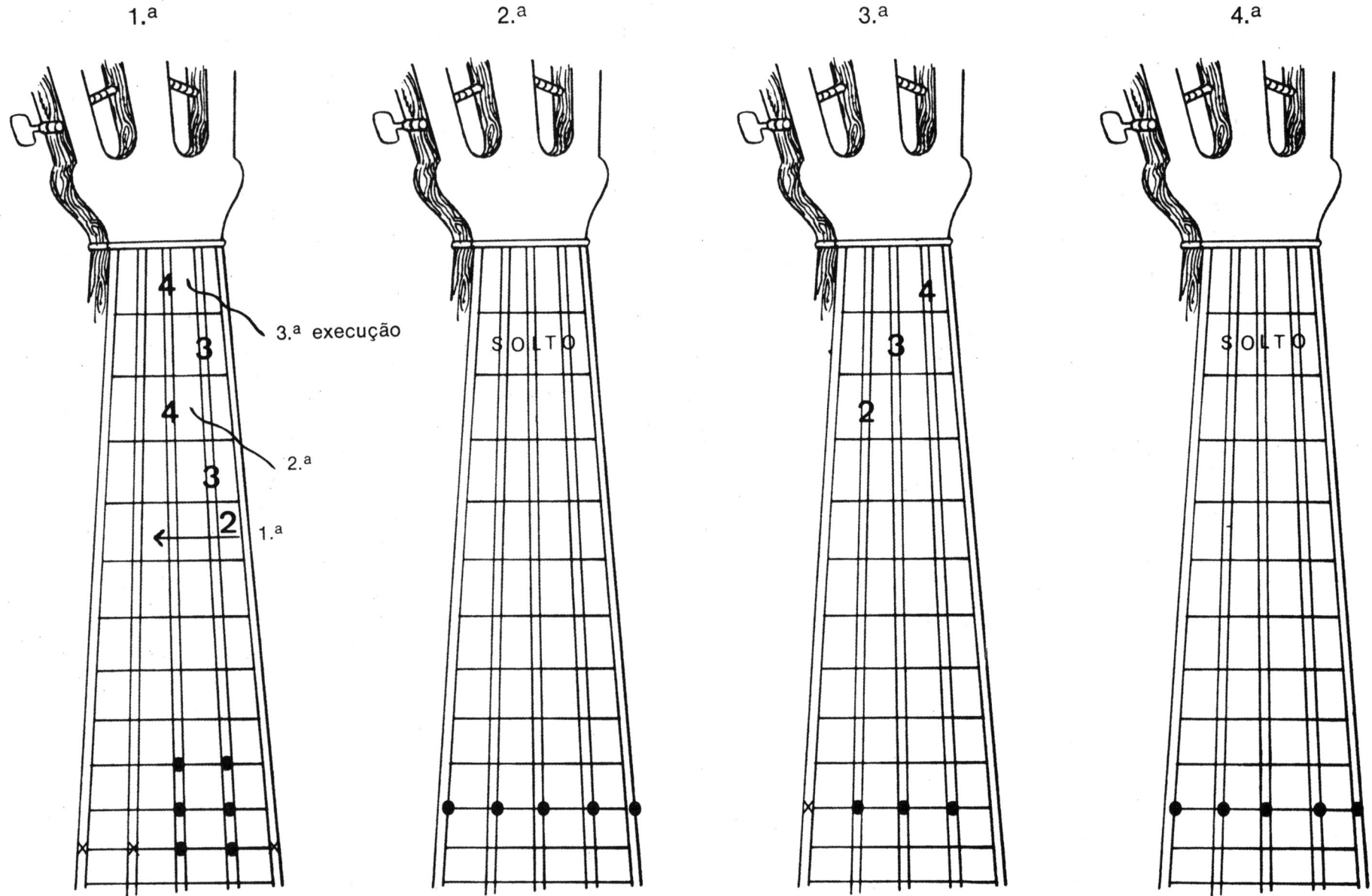

ATENÇÃO: O aluno fazendo esta execução na viola achará claramente o começo de uma melodia e procurando, encontrará outras melodias facilmente várias vezes. A viola com todas as cordas soltas é "MI MAIOR" no violão. Para intervalo de qualquer moda de viola, a execução é a do 3.º e 4.º arpejos acima. O método que segue é para a viola acompanhar conjuntos etc. Para duplas, o correto é esta execução acima, e as principais posições que a música sertaneja requer: — É "MI MAIOR" ou "MENOR", "SOL MAIOR" ou "MENOR", "LÁ MAIOR" ou "MENOR", "RÉ MAIOR" ou "MENOR", "DÓ MAIOR" ou "MENOR".

DÓ MAIOR

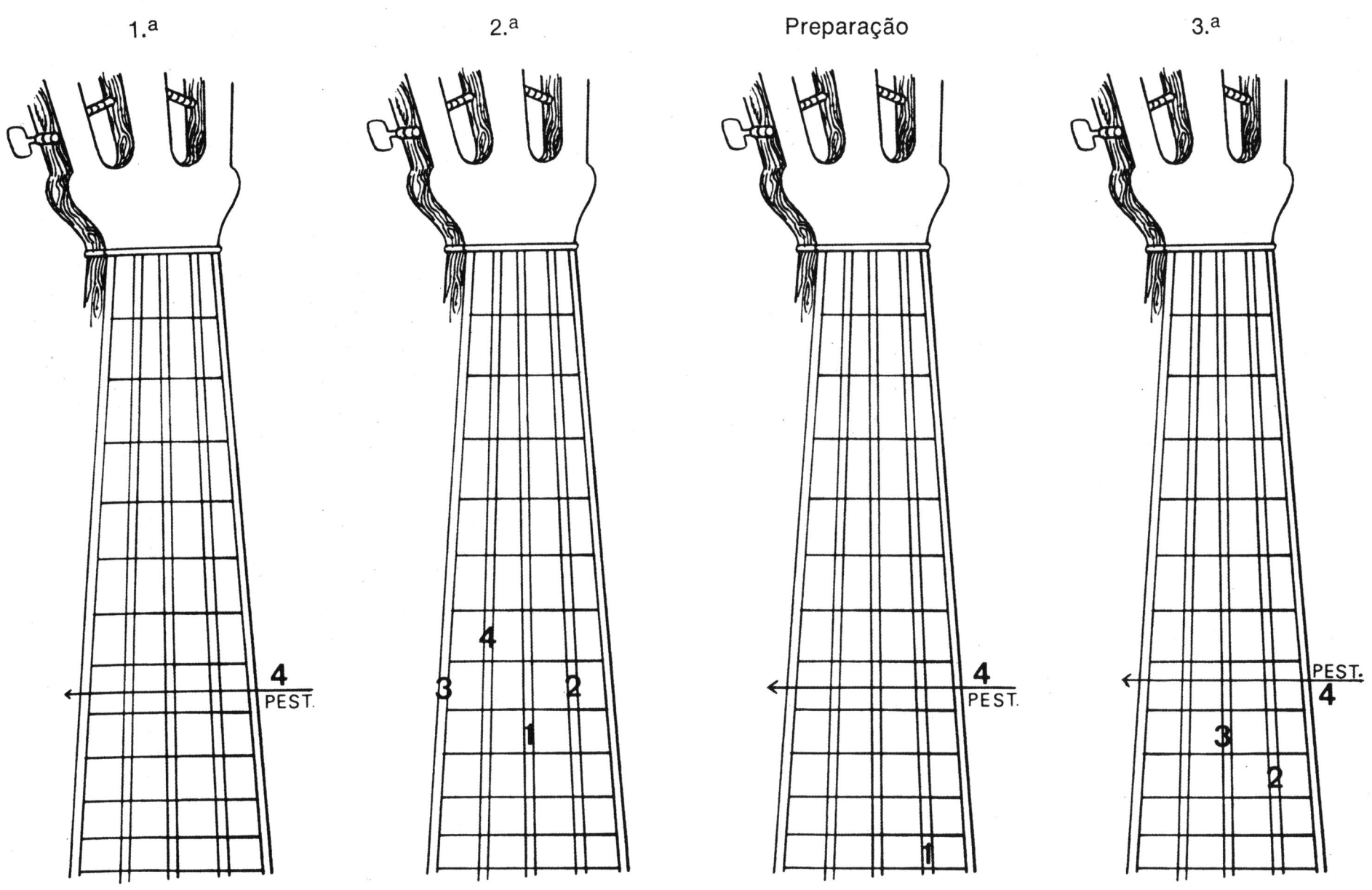

ATENÇÃO: Para acompanhar as posições do violão, faça na viola:
1.ª, 2.ª, 1.ª. Preparação: 3.ª, 1.ª, 2.ª, 1.ª para terminar.

SOL MAIOR

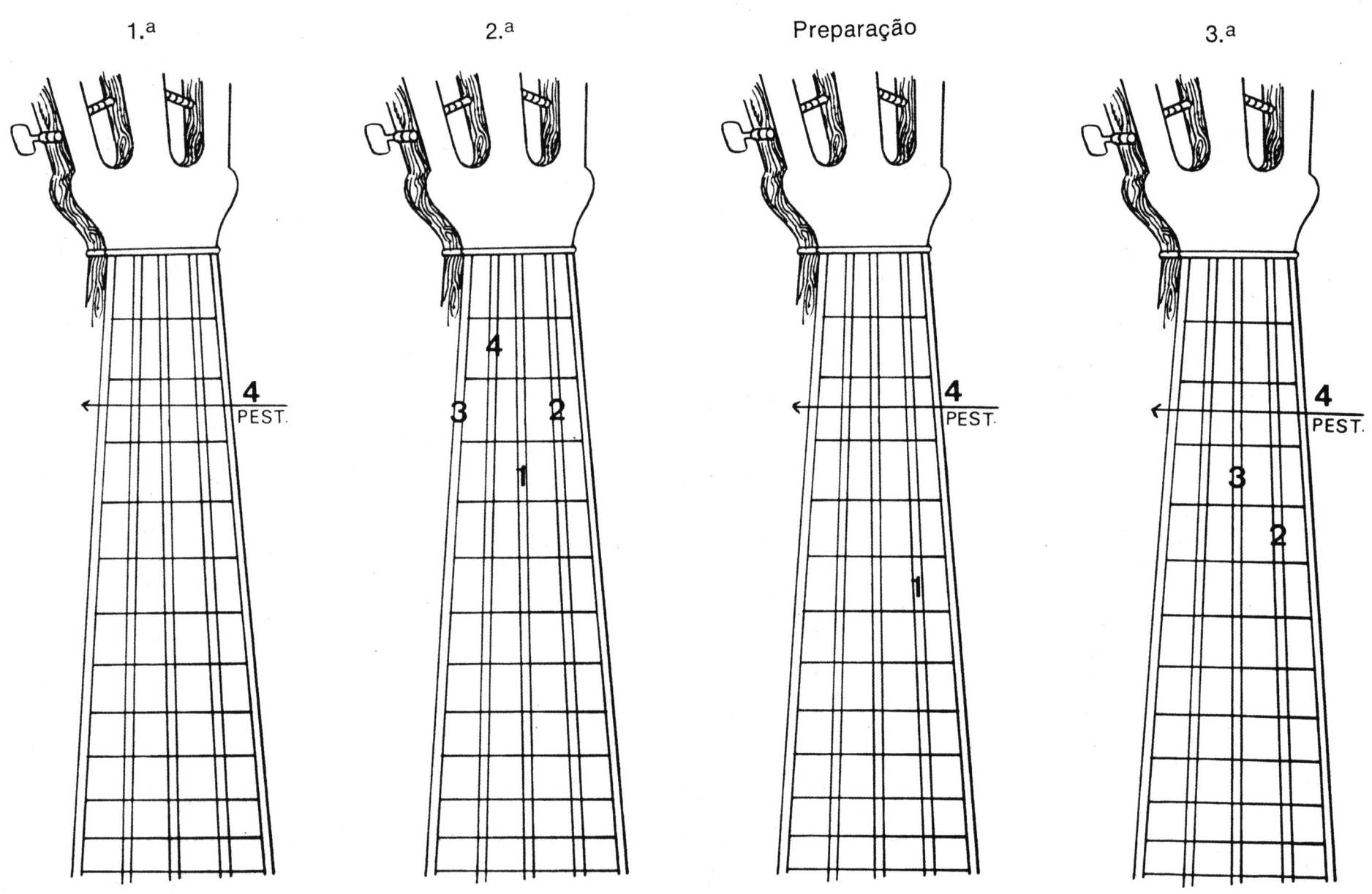

ATENÇÃO: Para acompanhar as posições do violão, faça na viola: 1.ª, 2.ª, 1.ª. Preparação: 3.ª, 1.ª, 2.ª, 1.ª para terminar.

RÉ MAIOR

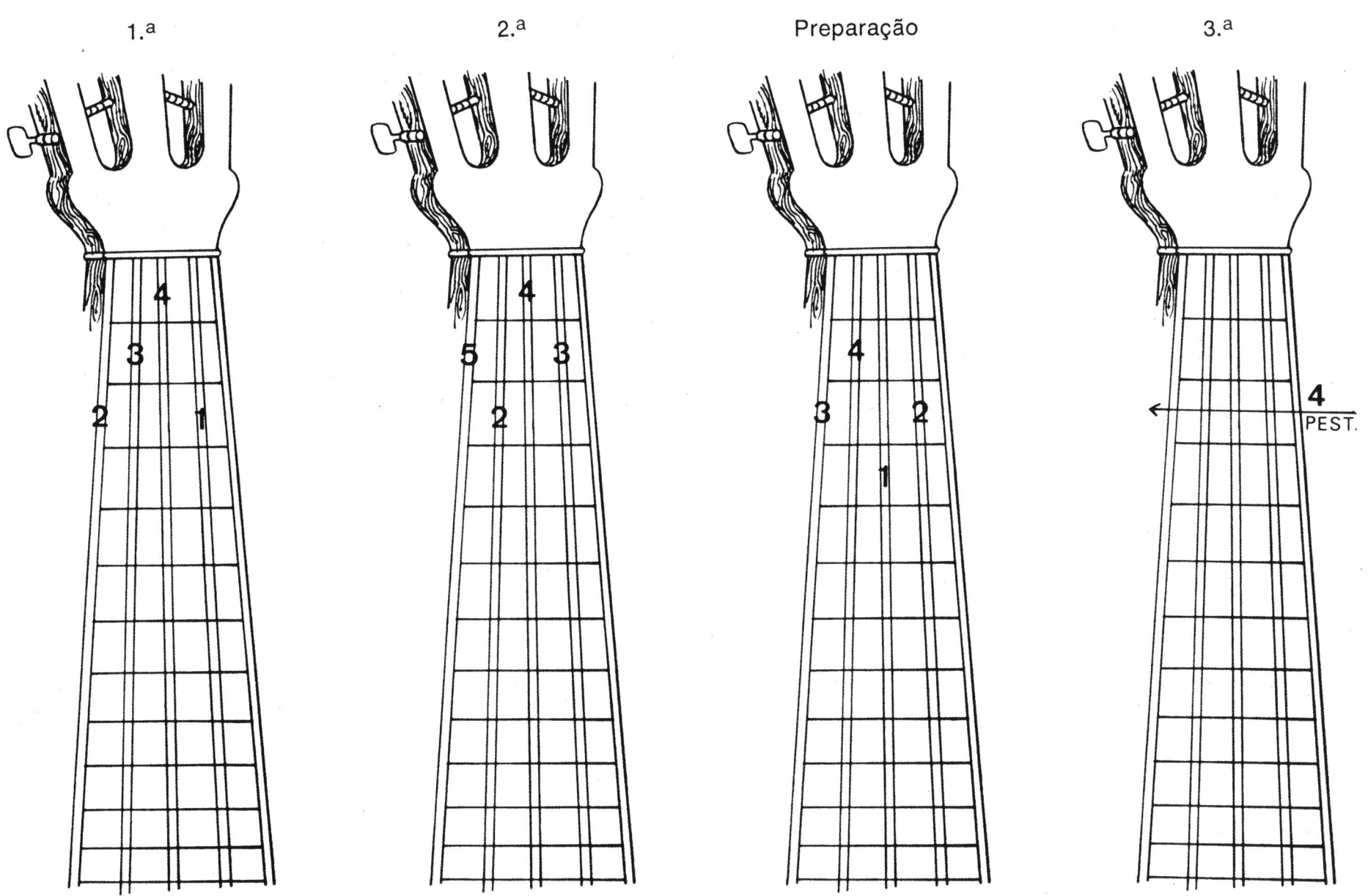

ATENÇÃO: Para acompanhar as posições do violão, faça na viola: 1.ª, 2.ª, 1.ª. Preparação: 3.ª, 1.ª, 2.ª, 1.ª para terminar.

LÁ MAIOR

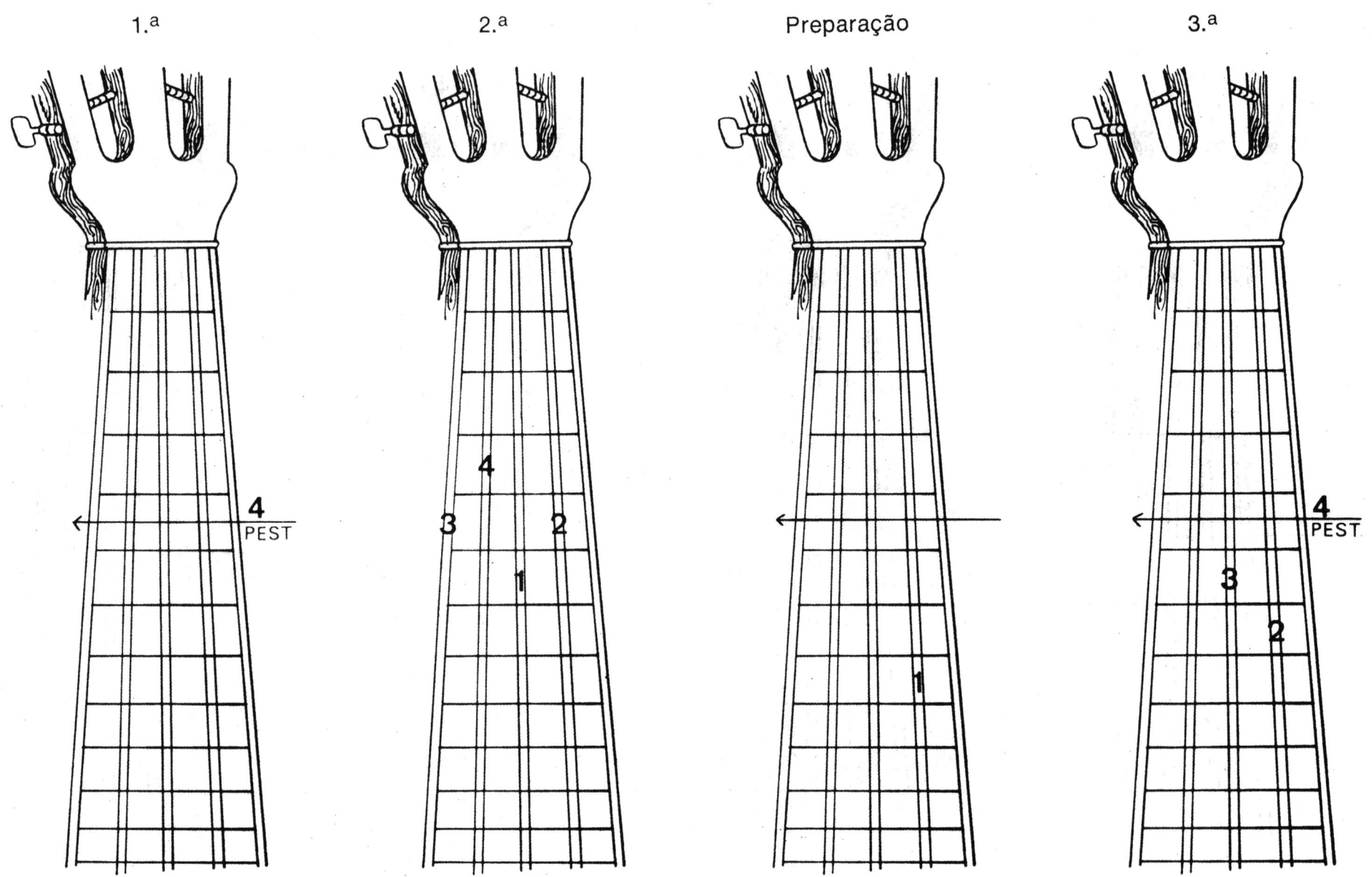

ATENÇÃO: Para acompanhar as posições do violão, faça na viola: 1.ª, 2.ª, 1.ª. Preparação: 3.ª, 1.ª, 2.ª, 1.ª para terminar.

MI MAIOR

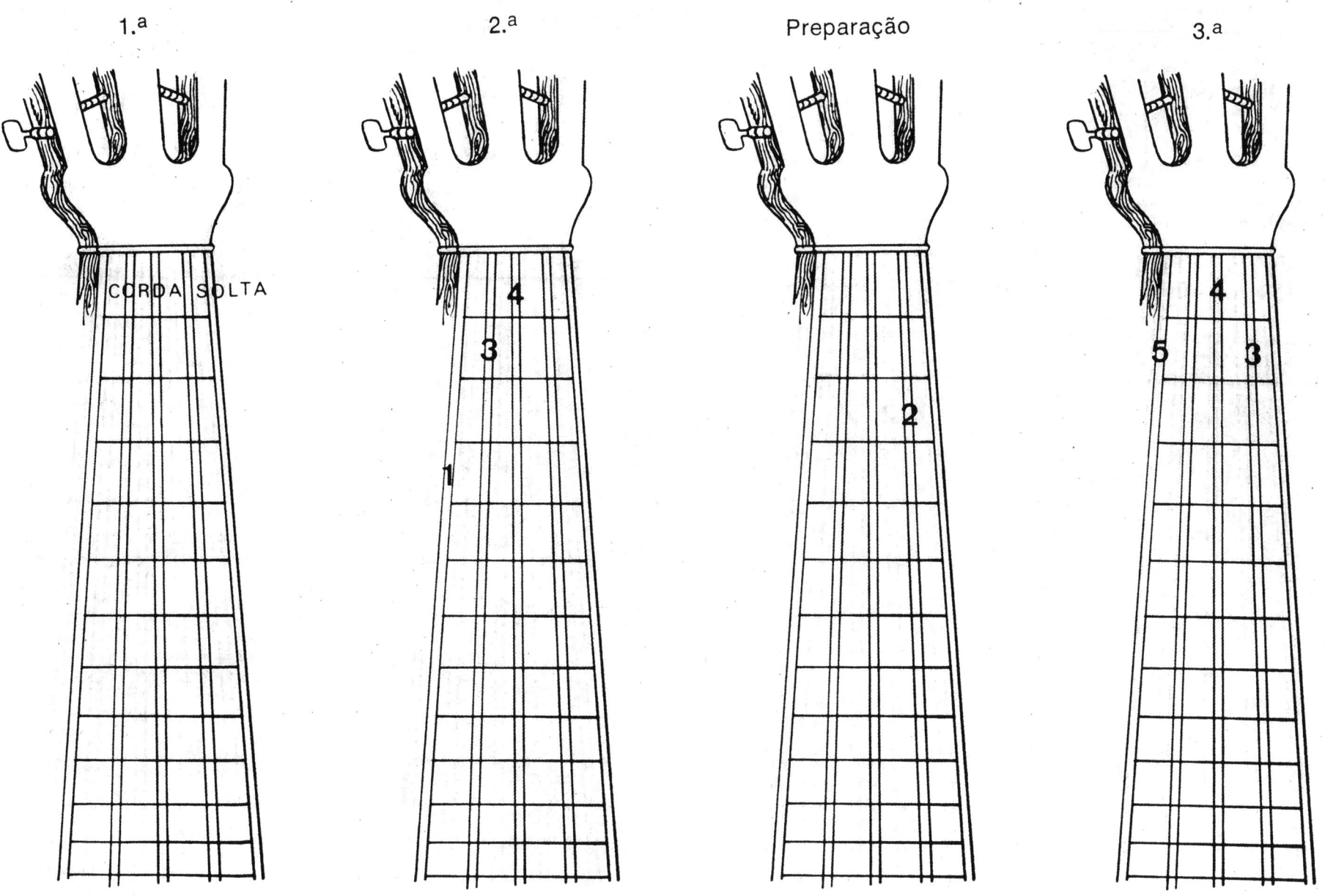

ATENÇÃO: Para acompanhar as posições do violão, faça na viola:
1.ª, 2.ª, 1.ª. Preparação: 3.ª, 1.ª, 2.ª, 1.ª para terminar.

FÁ MAIOR

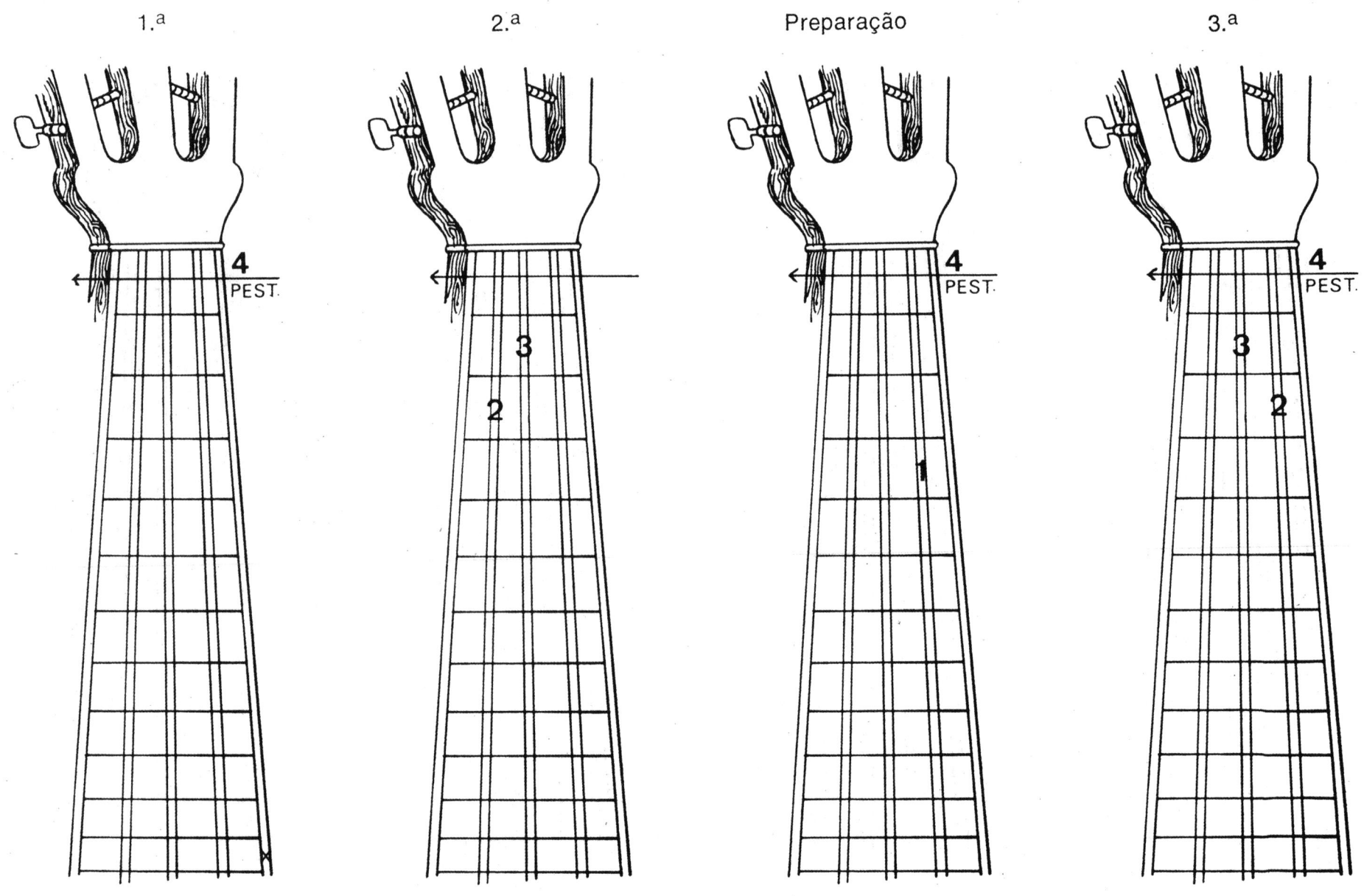

ATENÇÃO: Para acompanhar as posições do violão, faça na viola: 1.ª, 2.ª, 1.ª. Preparação: 3.ª, 1.ª, 2.ª, 1.ª para terminar.

SI MAIOR

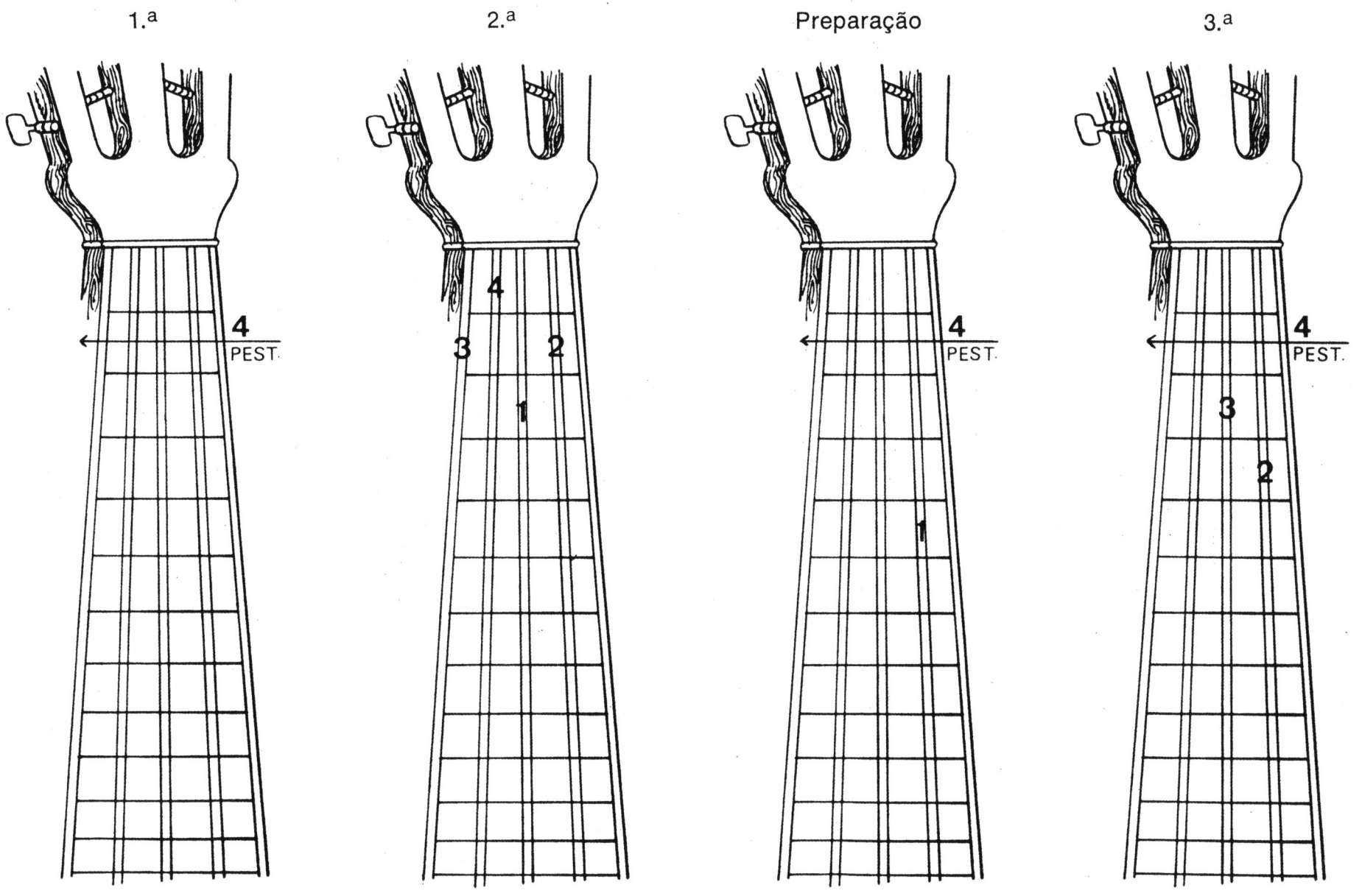

ATENÇÃO: Para acompanhar as posições do violão, faça na viola: 1.ª, 2.ª, 1.ª. Preparação: 3.ª, 1.ª, 2.ª, 1.ª para terminar.

DÓ MENOR

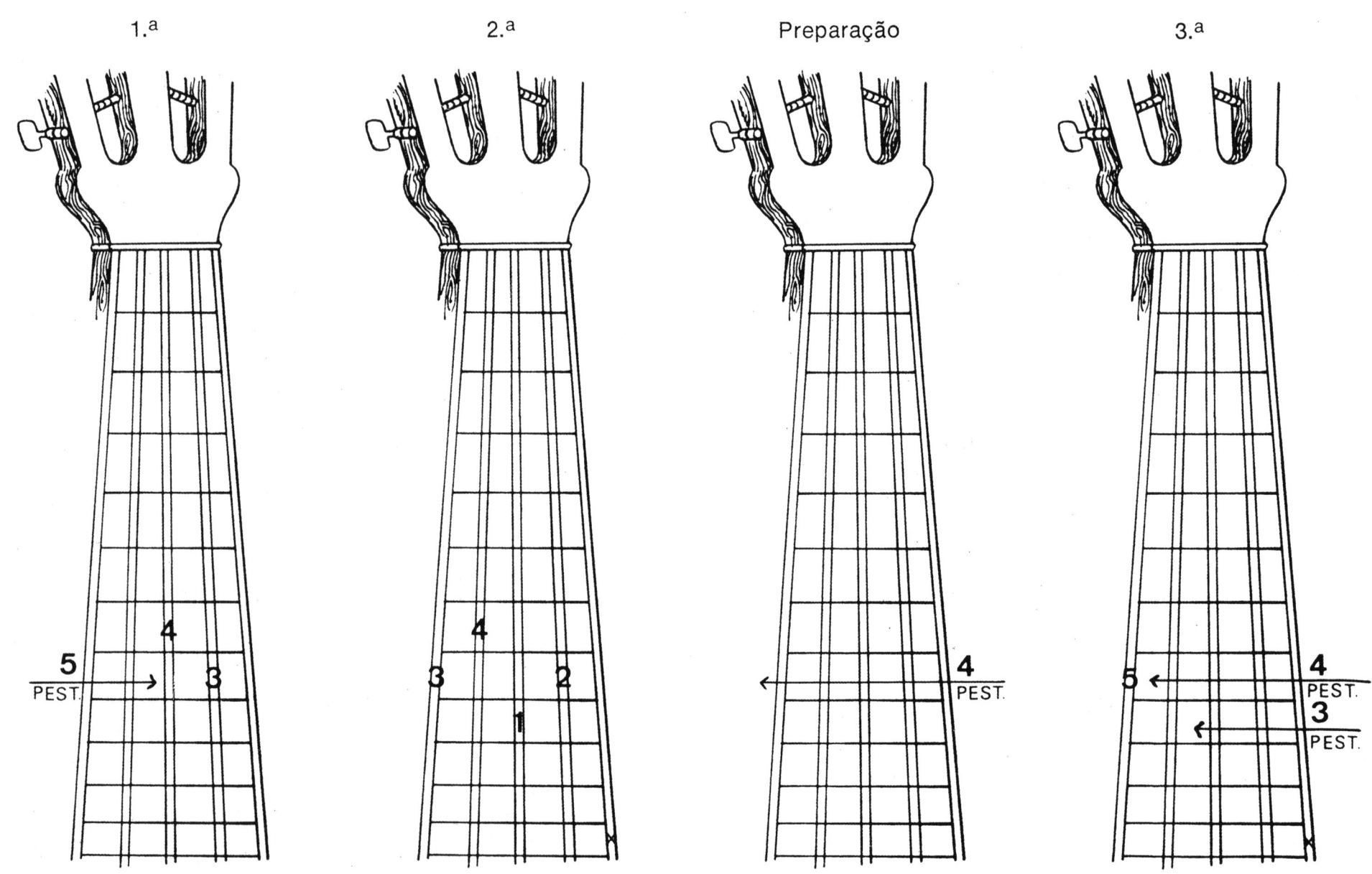

ATENÇÃO: Para acompanhar as posições do violão, faça na viola: 1.ª, 2.ª, 1.ª. Preparação: 3.ª, 1.ª, 2.ª, 1.ª para terminar.

SOL MENOR

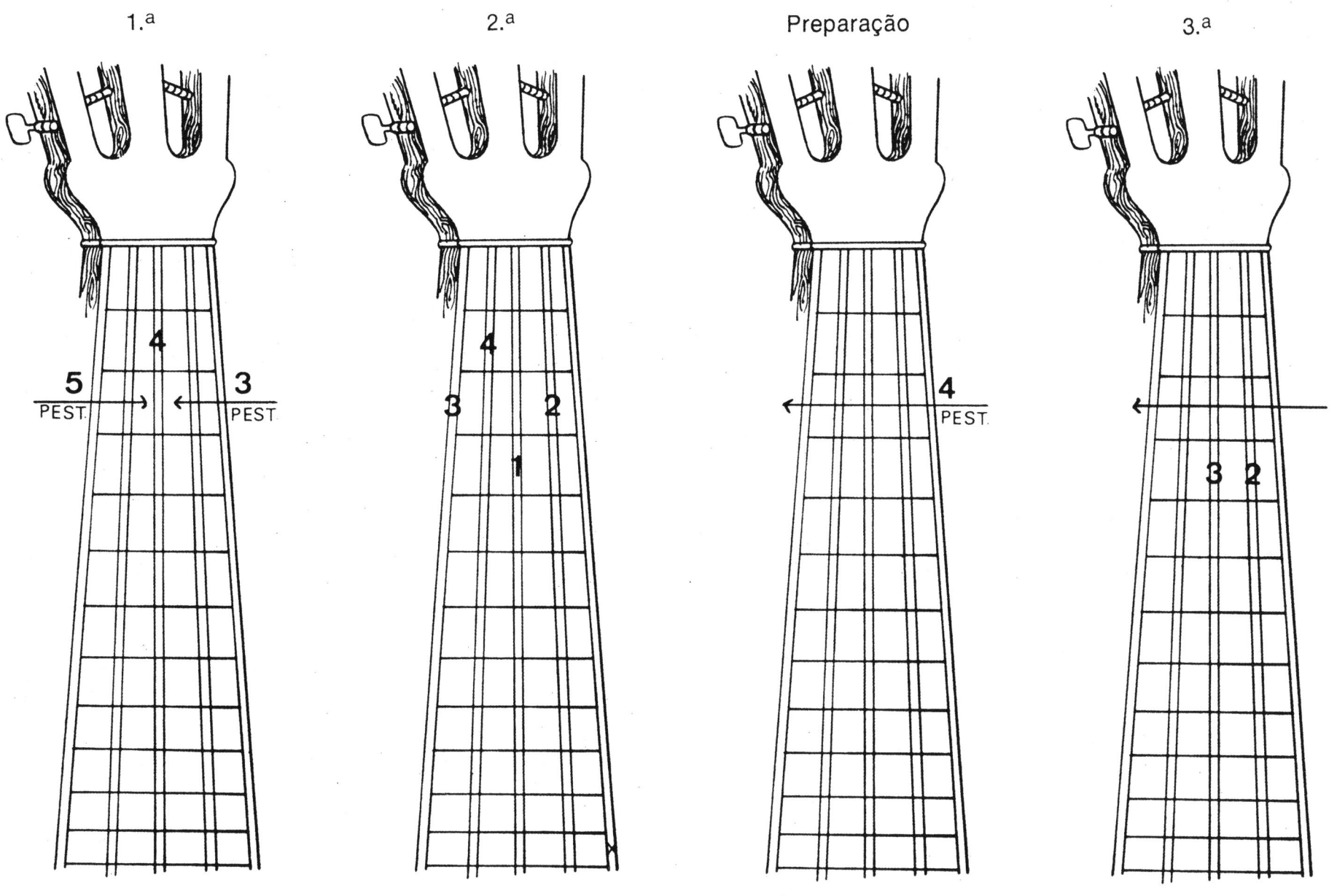

ATENÇÃO: Para acompanhar as posições do violão, faça na viola: 1.ª, 2.ª, 1.ª. Preparação: 3.ª, 1.ª, 2.ª, 1.ª para terminar.

RÉ MENOR

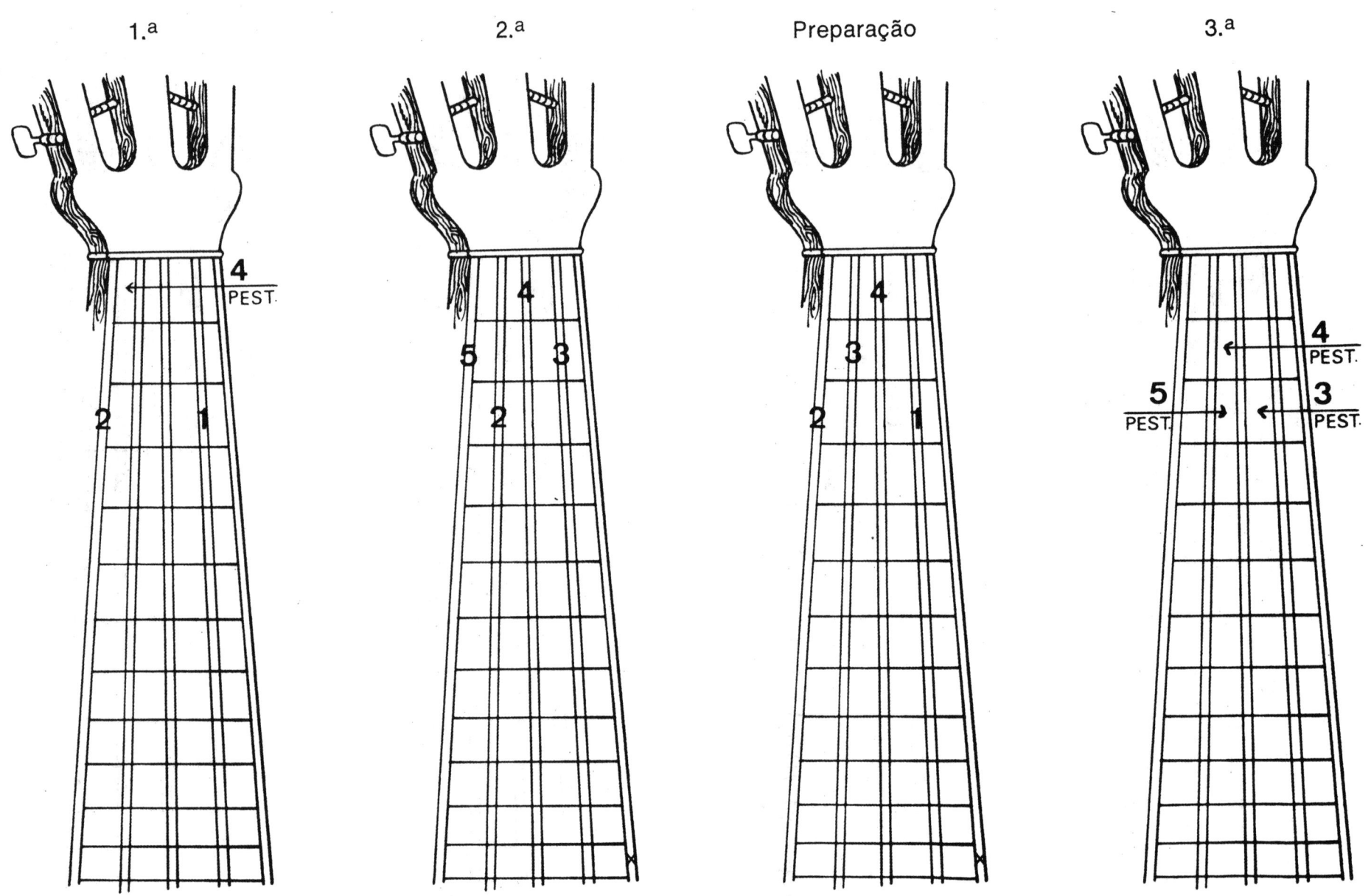

ATENÇÃO: Para acompanhar as posições do violão, faça na viola: 1.ª, 2.ª, 1.ª. Preparação: 3.ª, 1.ª, 2.ª, 1.ª para terminar.

MI MENOR

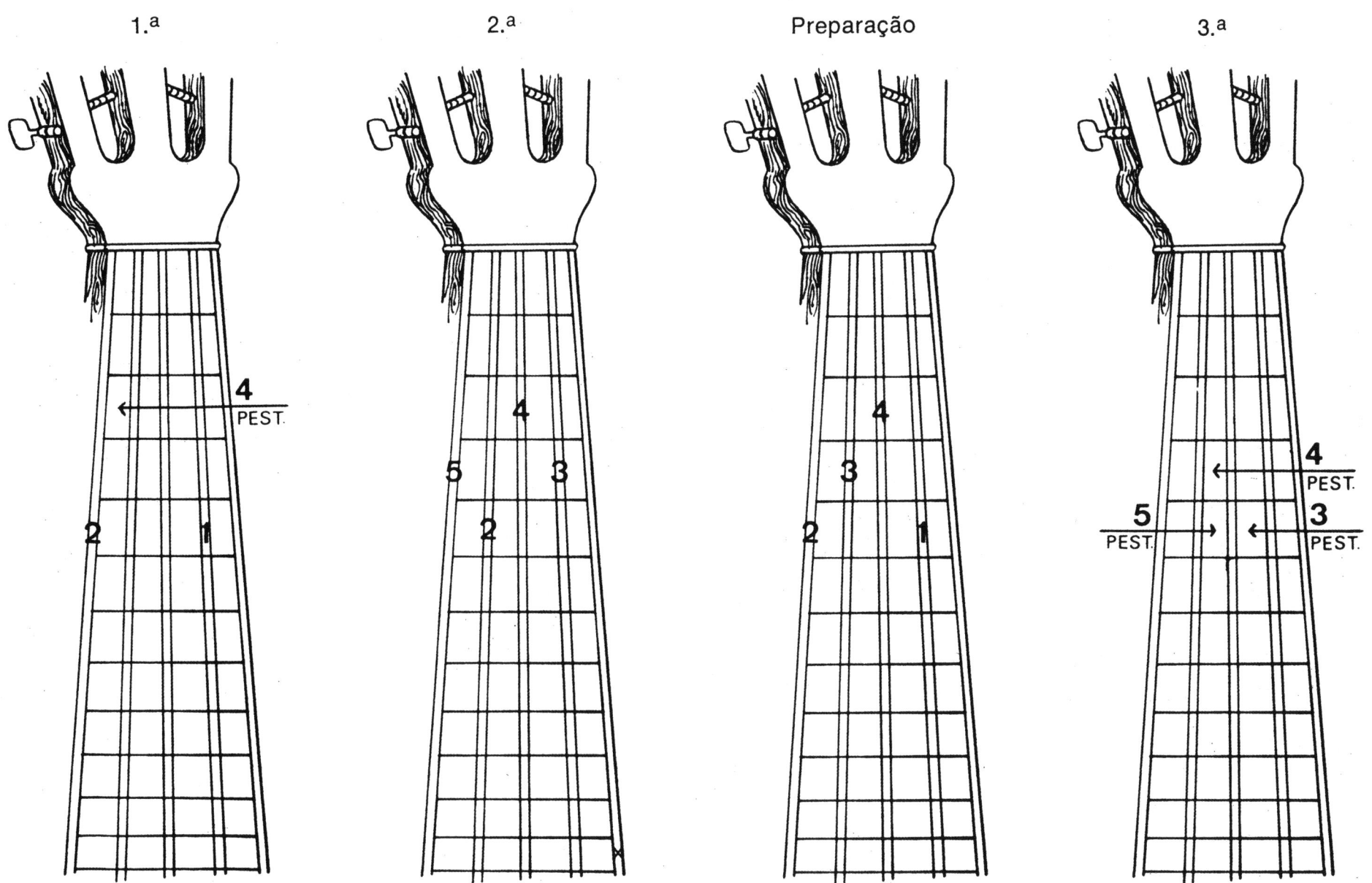

ATENÇÃO: Para acompanhar as posições do violão, faça na viola: 1.ª, 2.ª, 1.ª. Preparação: 3.ª, 1.ª, 2.ª, 1.ª para terminar.

FÁ MENOR

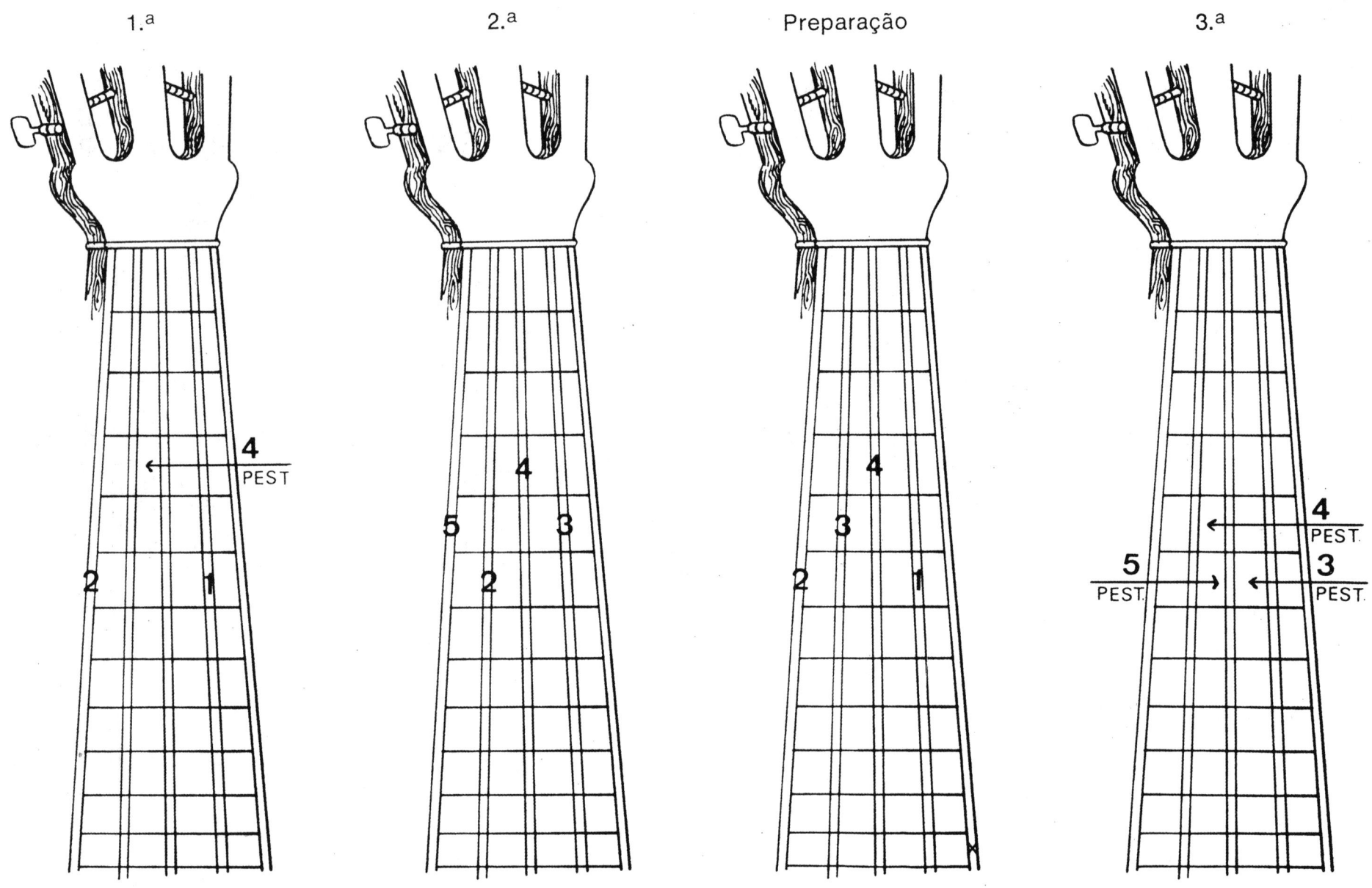

ATENÇÃO: Para acompanhar as posições do violão, faça na viola: 1.ª, 2.ª, 1.ª. Preparação: 3.ª, 1.ª, 2.ª, 1.ª para terminar.

SI MENOR

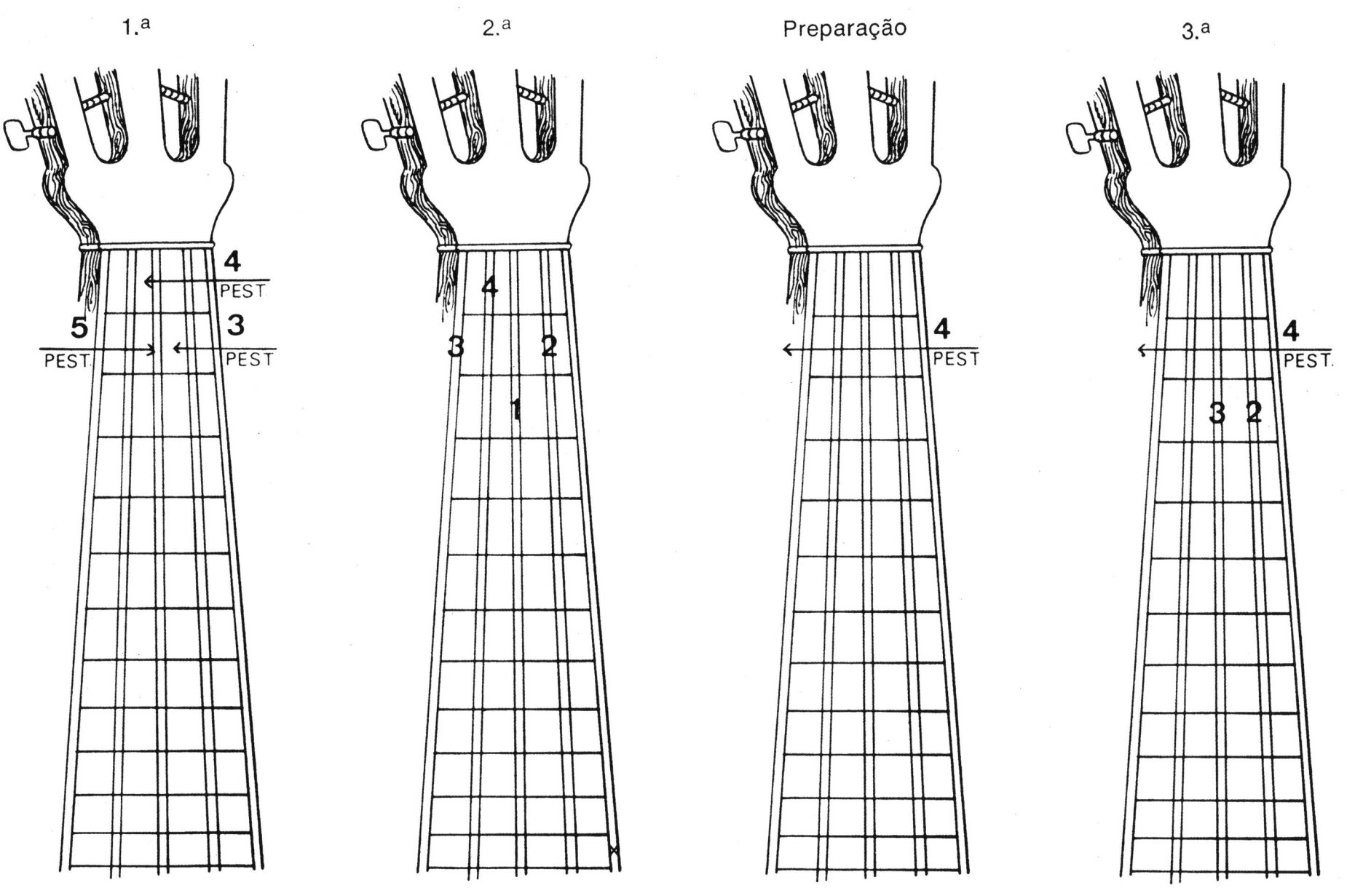

ATENÇÃO: Para acompanhar as posições do violão, faça na viola: 1.ª, 2.ª, 1.ª. Preparação: 3.ª, 1.ª, 2.ª, 1.ª para terminar.

LÁ MENOR

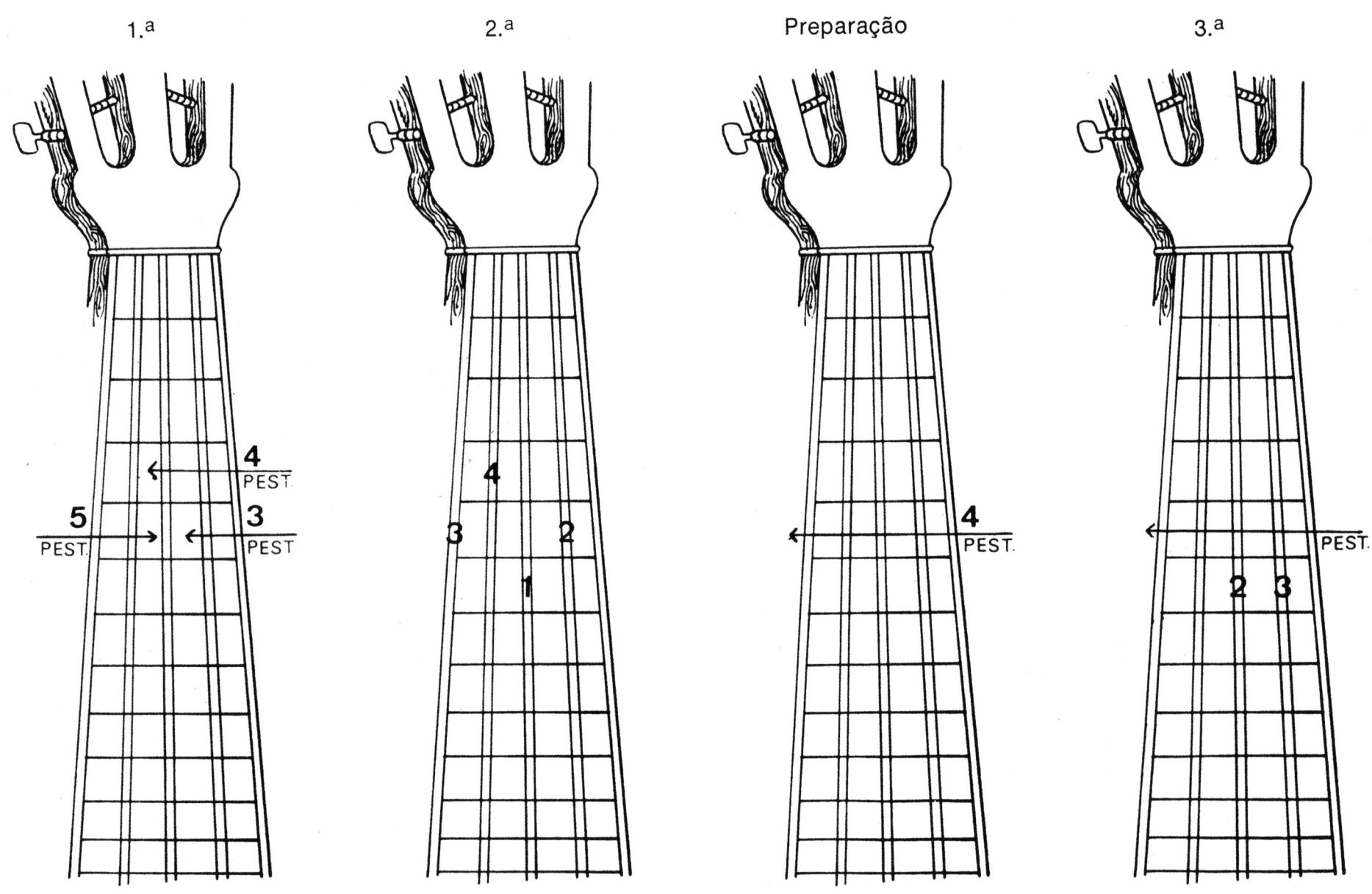

ATENÇÃO: Para acompanhar as posições do violão, faça na viola: 1.ª, 2.ª, 1.ª. Preparação: 3.ª, 1.ª, 2.ª, 1.ª para terminar.

ABC do Violão para dupla sertaneja

Método fácil em combinação com a Viola

TONICO E TINOCO

O VIOLÃO

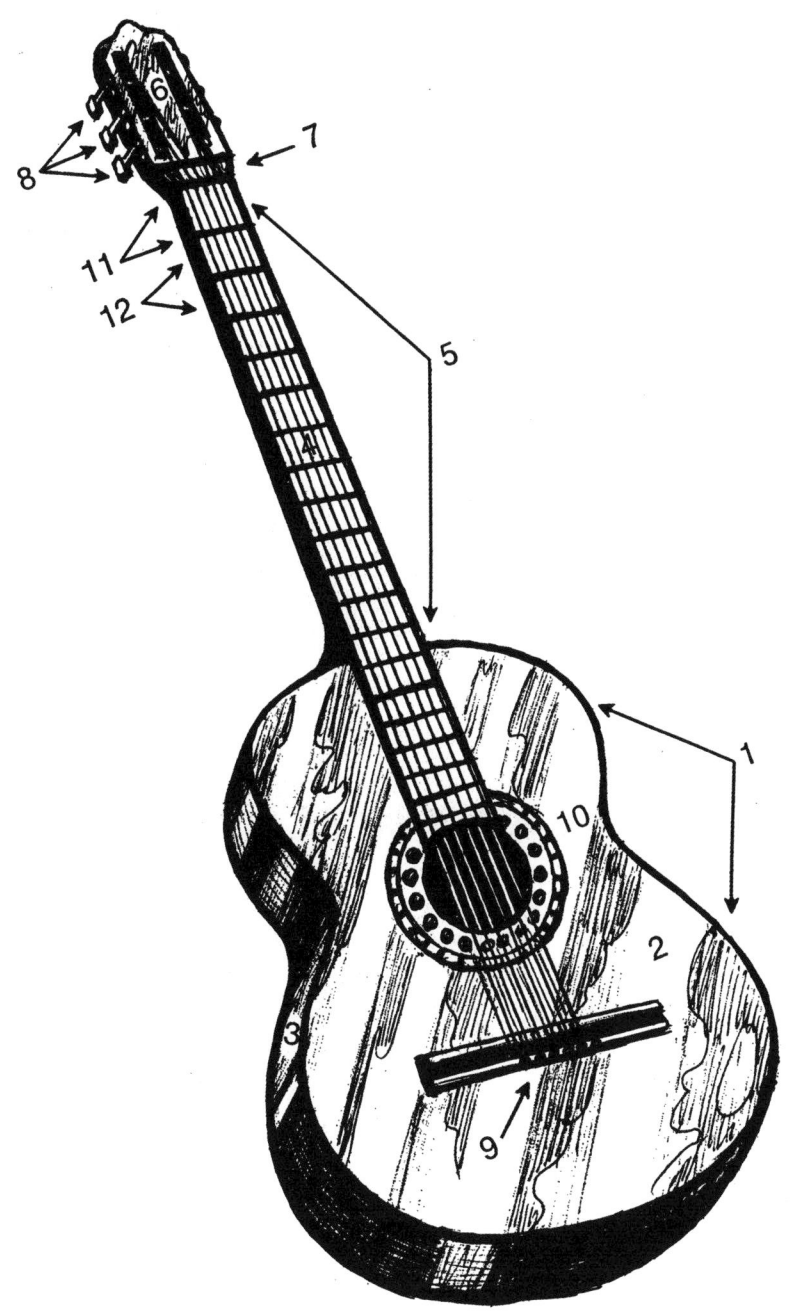

O versátil instrumento, conforme desenho anexo, compõem-se de:

1 — Caixa
2 — Tampa harmônica
3 — Faixa que o circunda
4 — Trasto (também chamado "trasteira").
5 — Braço
6 — Mão (na extremidade do braço). (também chamado de "paleta").
7 — Pestana (pequena peça de osso com estrias onde descansam as cordas).
8 — Tarrachas (aparelhos de roscas sem fim que servem para retesar as cordas, a fim de que as mesmas sejam afinadas).
9 — Cavalete (suporte de madeira colado à tampa onde são presas as cordas).
10 — Boca (orifício para a saída do som).
11 — Trastes (lâminas de metal, incrustadas no braço).
12 — Casa (divisão entre um traste e outro que forma a escala em seu todo).

MANEIRA PRÁTICA DE AFINAÇÃO

O violão oficial é composto de 6 cordas. A primeira delas é a mais aguda, chamada de "MI". Vamos discriminar as seis cordas com seus valores em notas:

1.ª corda equivalente ao "MI"
2.ª   "   "   " "SI"
3.ª   "   "   " "SOL"
4.ª   "   "   " "RÉ"
5.ª   "   "   " "LÁ"
6.ª   "   "   " "MI"

COMO AFINAR O VIOLÃO?

O processo é simples. A afinação é feita mediante um instrumento musical de sopro, que produz a nota "Lá", chamado de "diapasão".

Com ele afina-se a quinta corda, cujo valor é "Lá". Quando ela estiver na mesma altura do som emitido pelo "diapasão" estará dado o primeiro passo. A seguir, prende-se com um dedo da mão esquerda a corda já afinada, colocando-o na quinta casa. Com esse processo, iremos obter a nota "Ré". Depois, prende-se a quarta corda ou seja, o "Ré", na mesma quinta casa. Assim vamos obter o som da corda "Sol" que, por sua vez, afina-se com o "Ré" preso, tambem na quinta casa. Após isto, prende-se o "Sol" (que já estará afinado) na quarta casa, para poder afinar o "Si". A seguir, estando o "Si" afinado com o "Sol" preso na quarta casa, prende-se esse mesmo "Si" na quinta casa, para poder afinar a última corda, que é o "Mi" ou "MIZINHO". Para completar a afinação que é o "Mi Maior" ou "MISÃO" na linguagem simples, ferem-se as duas cordas soltas, duas oitavas abaixo — quer dizer, na mesma altura ambas as cordas — o "Mizinho" na tonalidade aguda e o "Misão" na tonalidade grave, que vem a ser "duas oitavas".

NOTA IMPORTANTE: Na falta de "diapasão" a afinação pode ser feita com o "Lá" da sanfona ou do piano.

EXERCÍCIOS

O violão para acompanhamento da dupla é muito simples.

Geralmente, toca-se em pé. Nesse caso, o instrumento é seguro por uma pequena correia presa à paleta, uma parte, e a outra à parte oposta do violão, ou então, o instrumento é preso por uma presilha colocada na extremidade da correia ou cordão, que por sua vez é presa à boca do violão, ficando assim o instrumento pendurado com o cordão atravessado sobre os ombros do executante, facilitando desta forma a execução instrumental, uma vez que ele estará seguro com firmeza e livre para ser tocado.

MANEIRA DE "FERIR" AS CORDAS

Depois de dedilhar o "acorde", fere-se o "baixo". Em seguida ferem-se as "armonias" duas ou tres vezes consecutivas, para depois tornar a vibrar o "baixo" com novo acorde. O exercício que segue irá facilitar a aprendizagem das tonalidades:

EXERCÍCIOS:

PRIMEIRA POSIÇÃO — Muda para segunda posição — Volta para primeira.

Faz a preparação.

TERCEIRA POSIÇÃO — Volta a primeira — Vai para segunda.
Termina em primeira.

EXEMPLO:

1.ª - 2.ª - 3.ª — Preparação

2.ª - 1.ª - 2.ª — Primeira.

Este é o exercício prático — o A B C do Violão. Depois destes exercícios, o aluno encontrará facilidade para acompanhar qualquer música, qualquer melodia, em qualquer ritmo.

MANEIRA DE ACOMPANHAR UMA "VIOLA", MÚSICA OU MELODIA

No violão de acompanhamento, distinguem-se as cordas de duas formas. As mais agudas são chamadas de "armonia" e as tres "graves" são chamadas de "baixaria".

Os baixos são indicados por uma cifra (*) colocada nas cordas que lhe correspondem.

As "armonias" são indicadas por um ponto preto (●) sobre as cordas a serem vibradas.

Há casos em que as "armonias" se apresentam na 2.ª, 3.ª e 4.ª cordas. E há casos — de acôrdo com a melodia — que só é permitido o som da "armonia" na 1.ª e 2.ª cordas.

OS DEDOS PARA A EXECUÇÃO

Os dedos da mão esquerda são indicados por números, conforme desenho:

Número 1, o mínimo
Número 2, o médio
Número 3, o anular
Número 4, o indicador
Número 5, o polegar.

PESTANA

A pestana, sempre que se tornar necessário, será feita com o dedo n.º 4, ou seja, o indicador, prendendo fortemente as cordas.

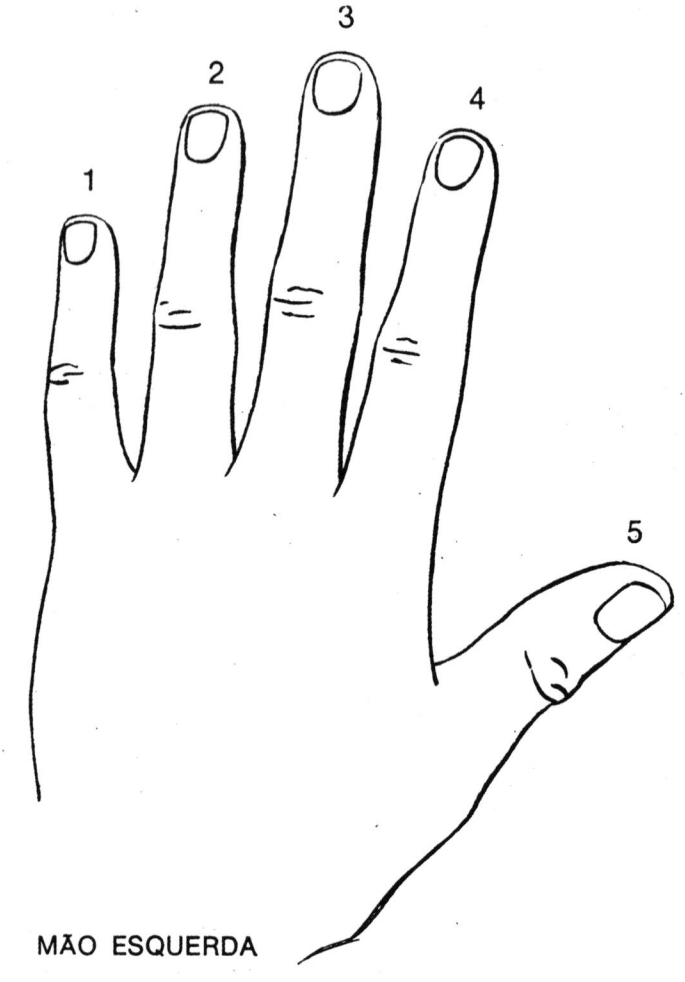

MÃO ESQUERDA

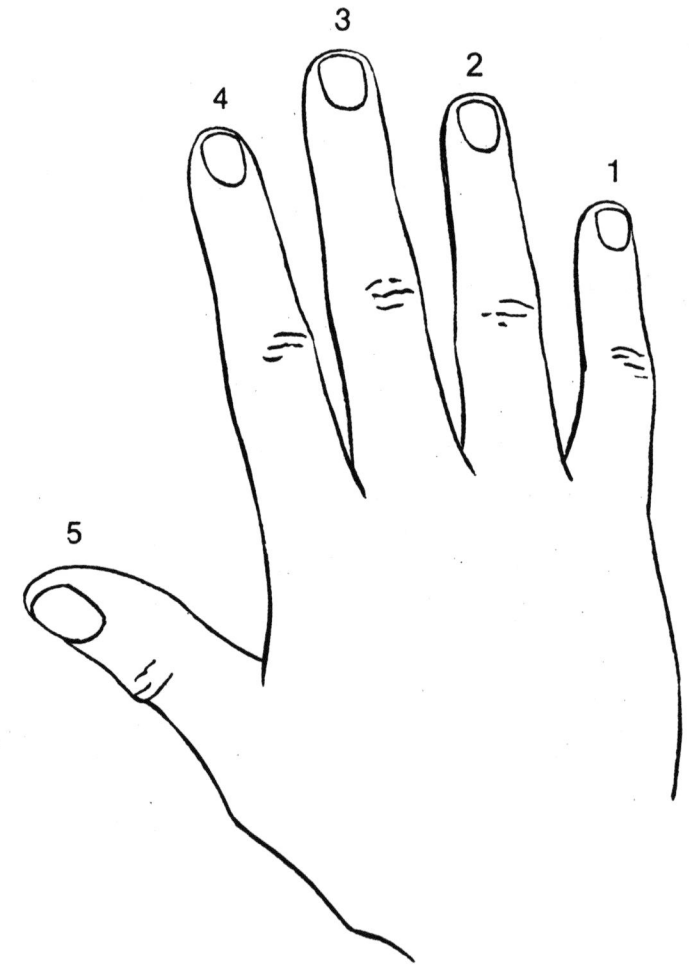

SINAIS DA MÃO DIREITA — PARA ARPEJOS

DÓ MAIOR

1.ª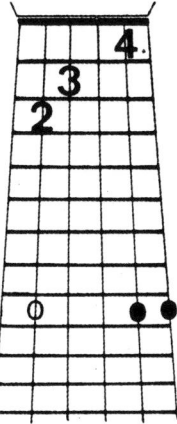

2.ª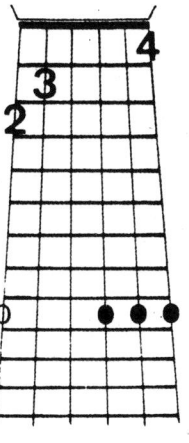

1.ª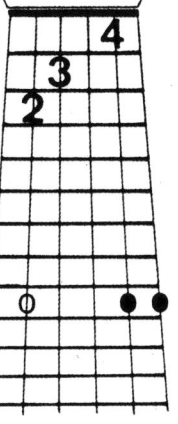

Preparação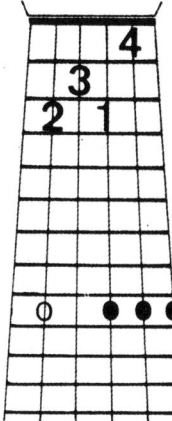

3.ª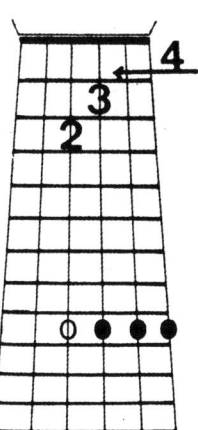

1.ª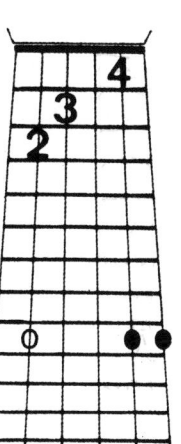

2.ª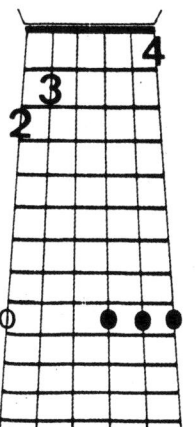

1.ª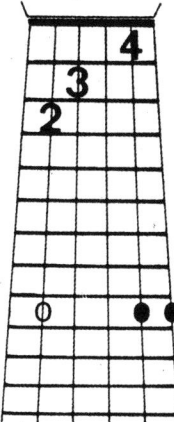

SOL MAIOR

1.ª 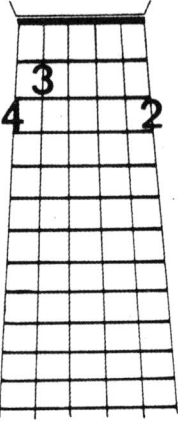　　2.ª 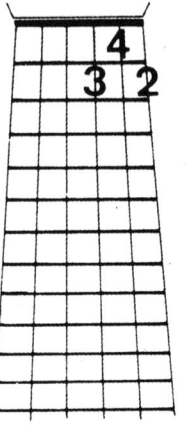　　1.ª 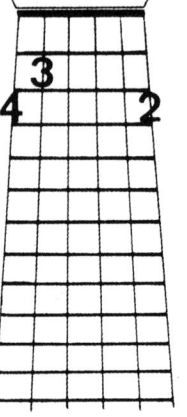　　Preparação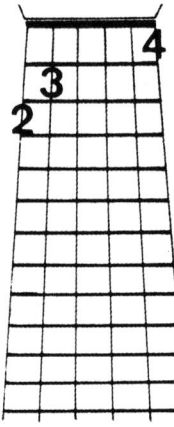

3.ª 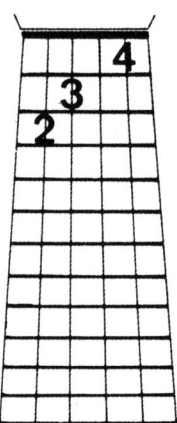　　1.ª 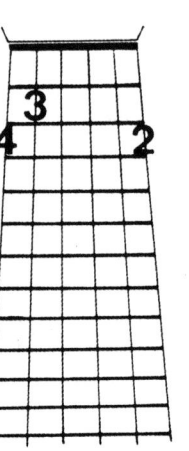　　2.ª 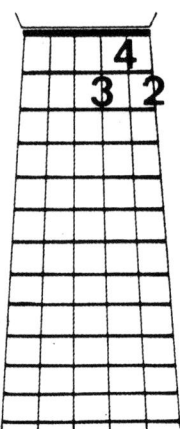　　1.ª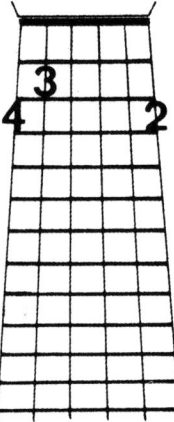

RÉ MAIOR

1.ª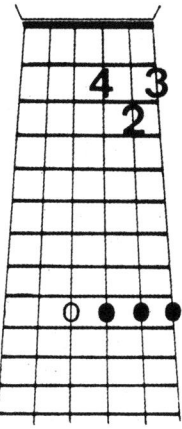
2.ª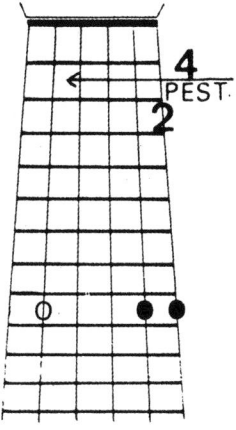
1.ª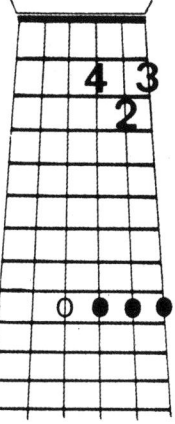
Preparação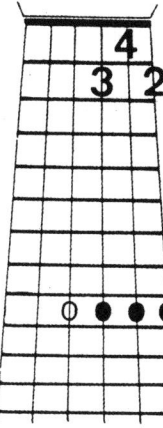

3.ª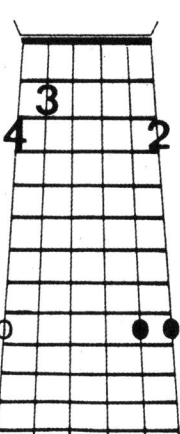
1.ª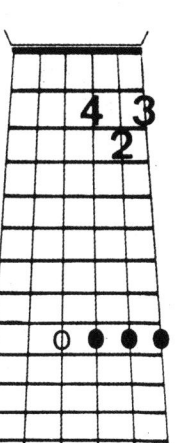
2.ª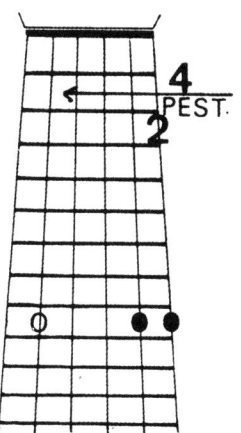
1.ª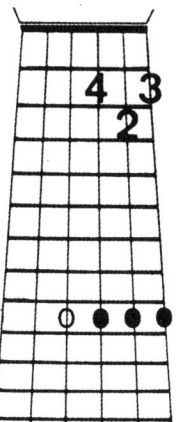

LÁ MAIOR

1.ª
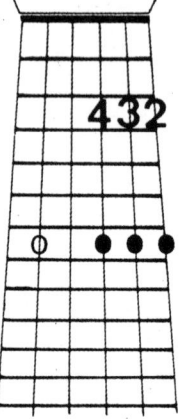

2.ª
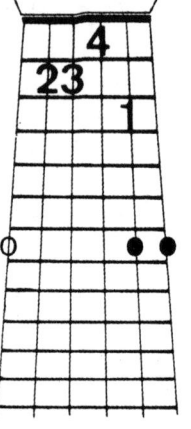

1.ª
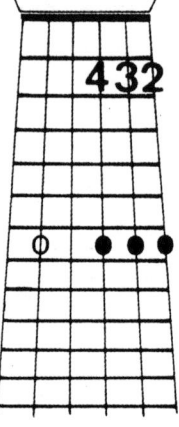

Preparação
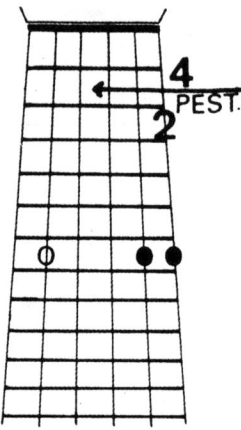

3.ª
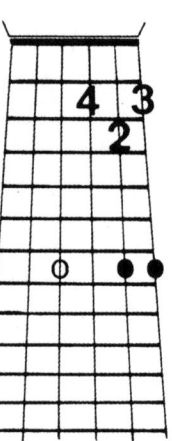

1.ª
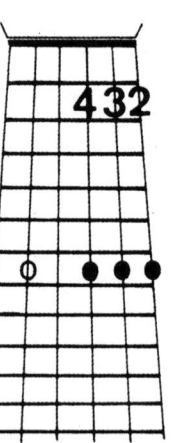

2.ª
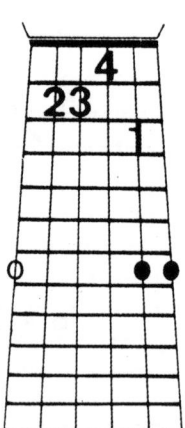

1.ª
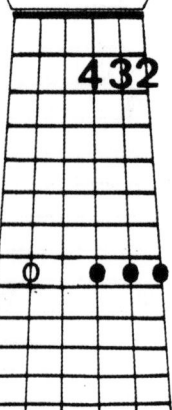

MI MAIOR

1.ª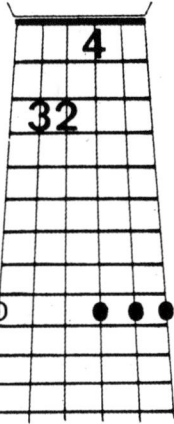

2.ª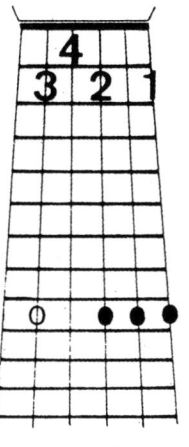

1.ª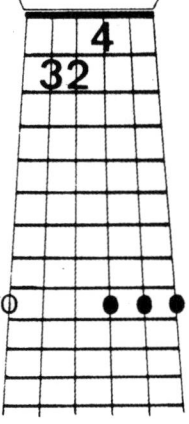

Preparação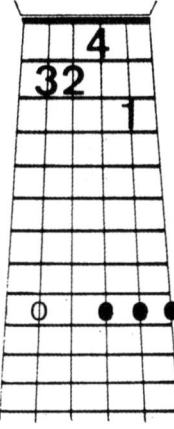

3.ª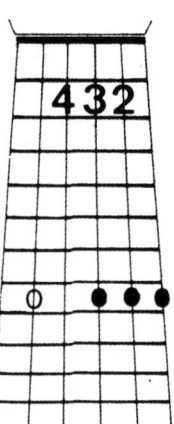

1.ª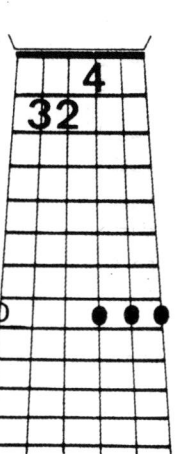

2.ª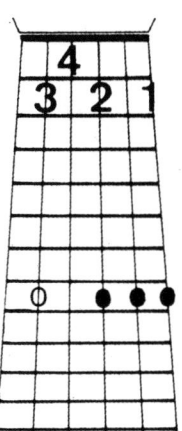

1.ª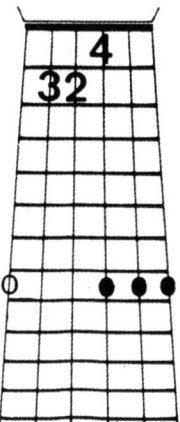

FÁ MAIOR

1.ª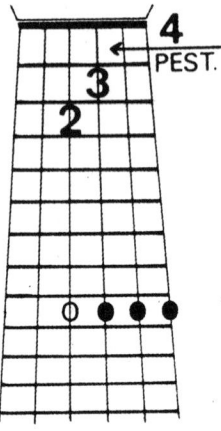

2.ª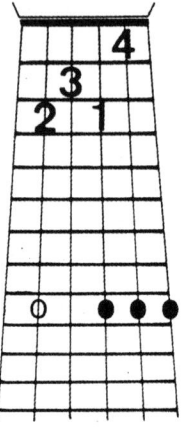

1.ª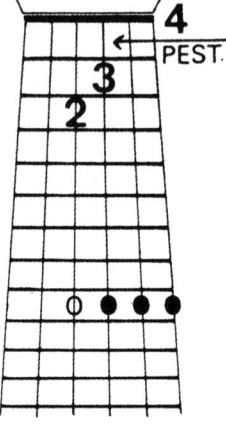

Preparação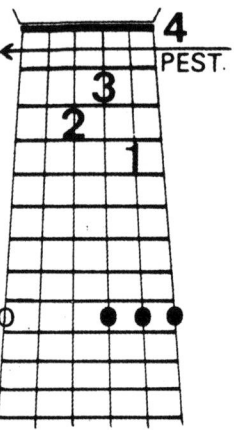

3.ª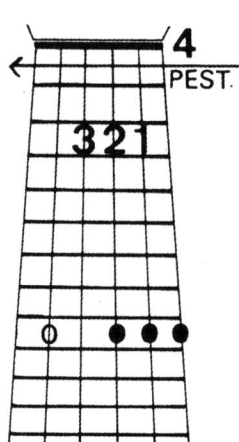

1.ª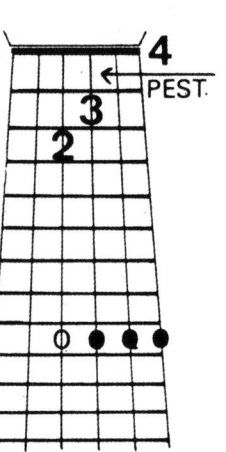

2.ª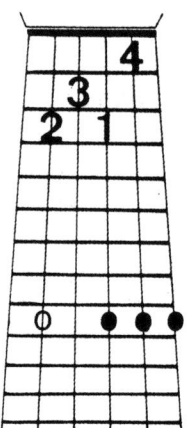

1.ª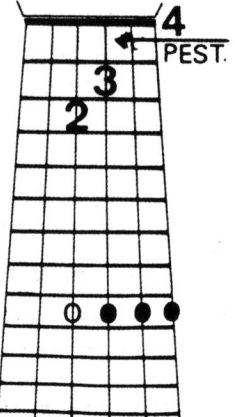

SI MAIOR

1.ª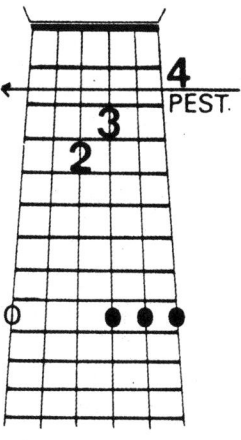
2.ª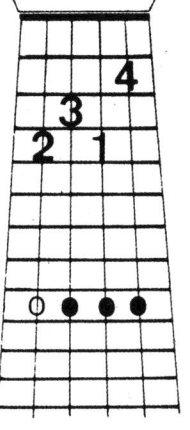
1.ª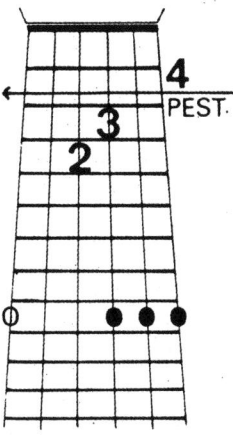
Preparação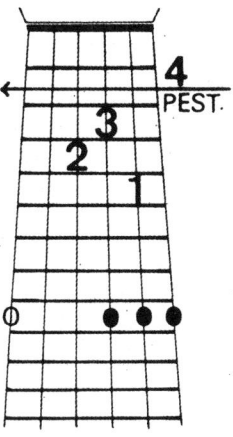

3.ª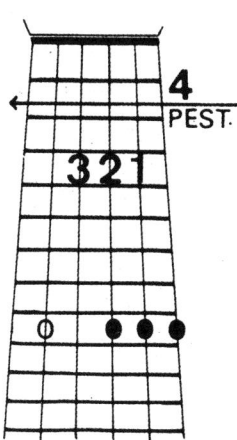
1.ª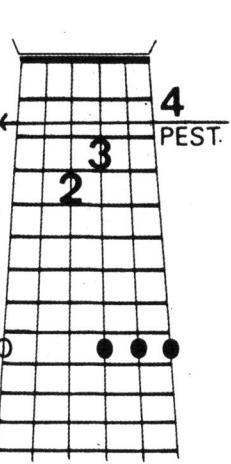
2.ª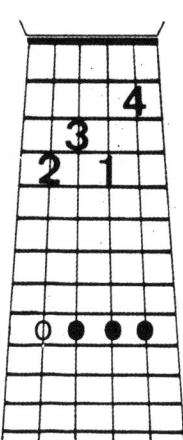
1.ª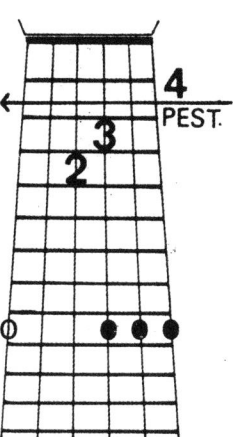

DÓ MENOR

1.ª   2.ª   1.ª   Preparação

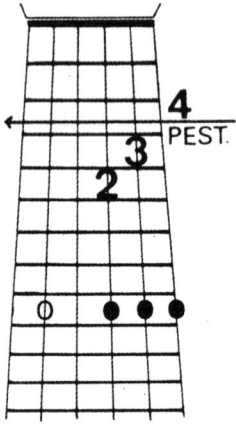 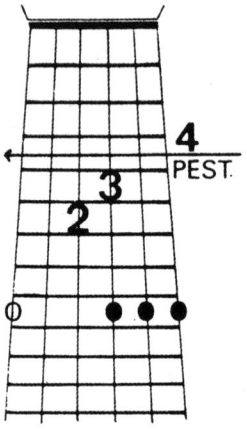 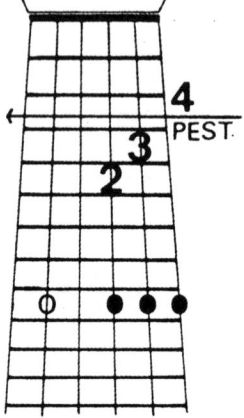 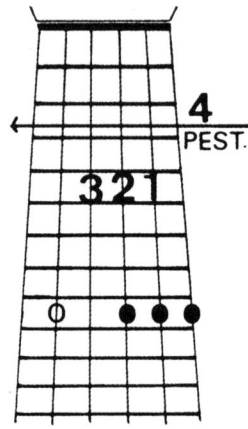

3.ª   1.ª   2.ª   1.ª

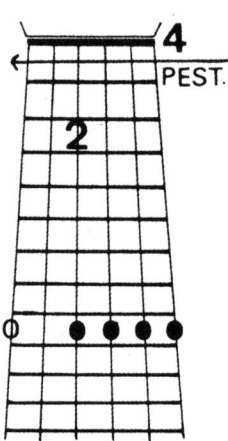 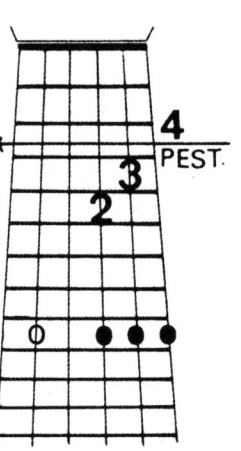 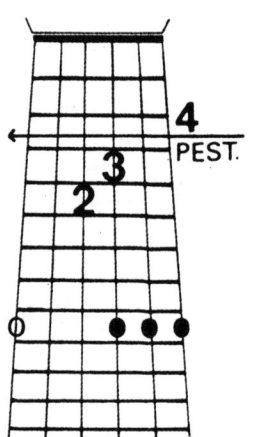 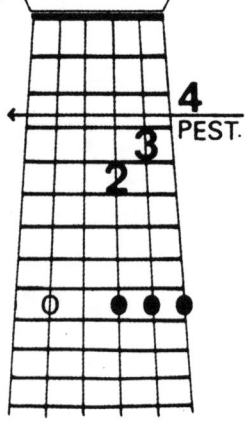

SOL MENOR

1.ª 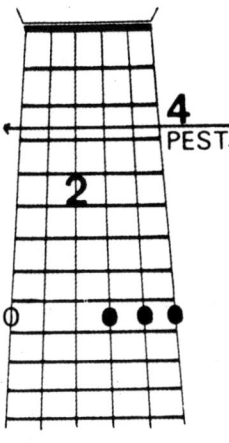 2.ª 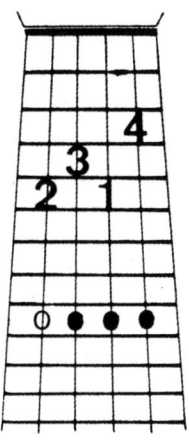 1.ª 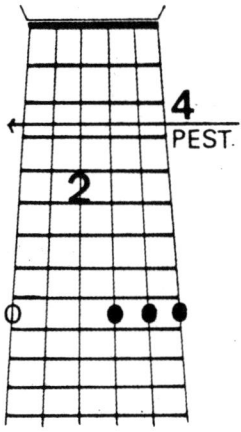 Preparação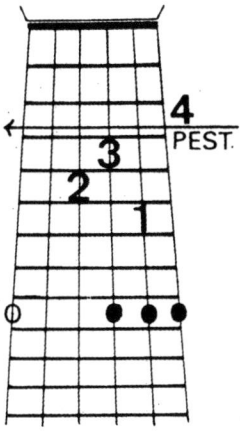

3.ª 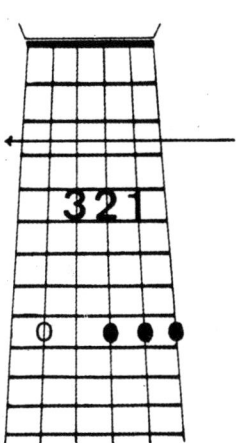 1.ª 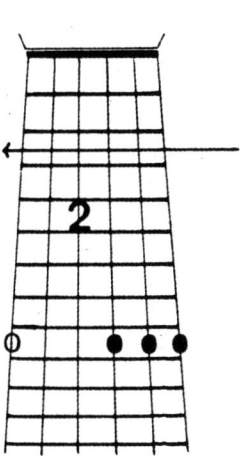 2.ª 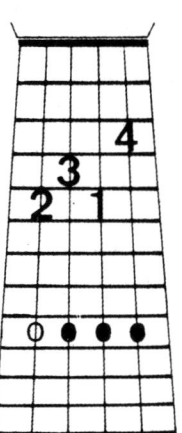 1.ª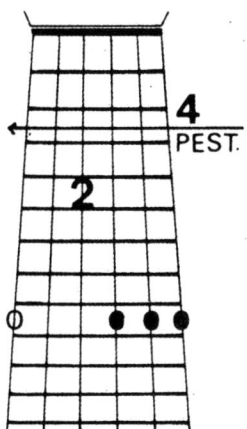

RÉ MENOR

1.ª   2.ª   1.ª   Preparação

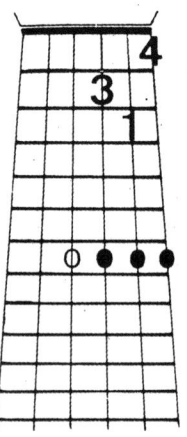 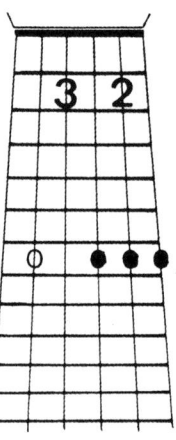 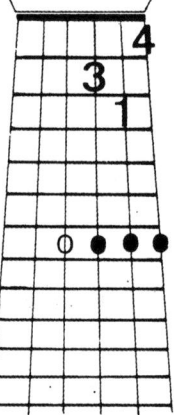 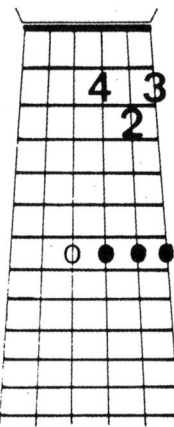

3.ª   1.ª   2.ª   1.ª

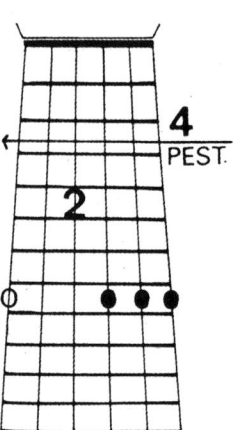 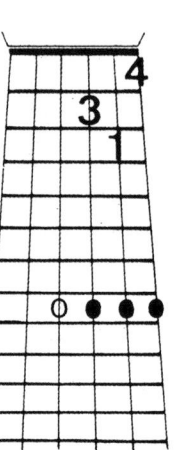 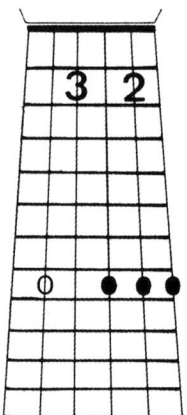 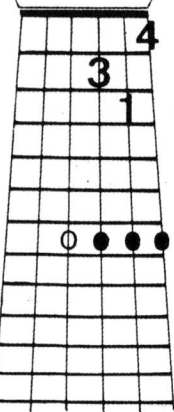

LÁ MENOR

1.ª
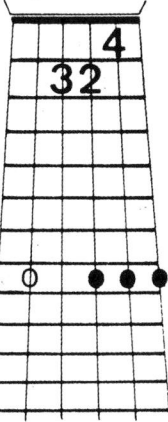

2.ª
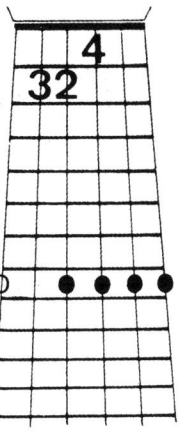

1.ª
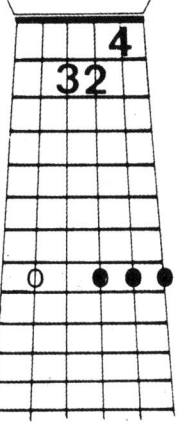

Preparação
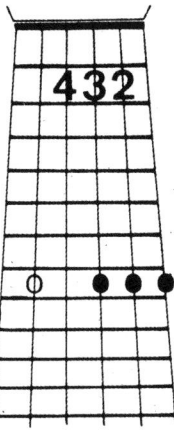

3.ª
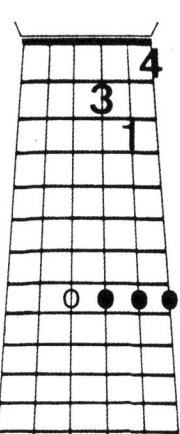

1.ª
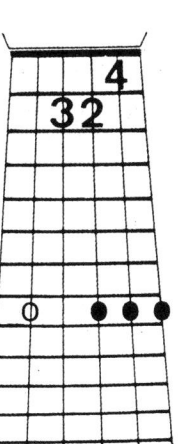

2.ª
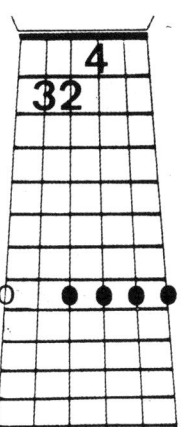

1.ª
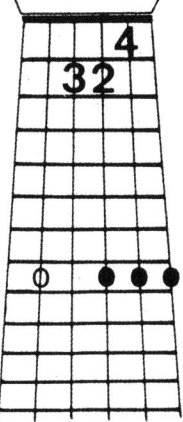

MI MENOR

1.ª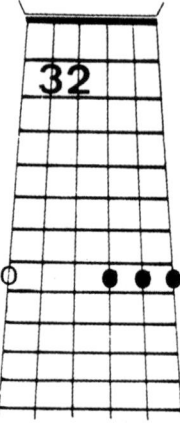

2.ª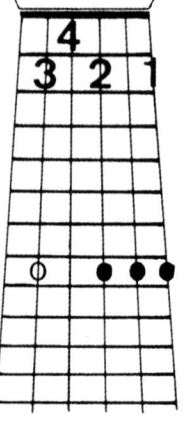

1.ª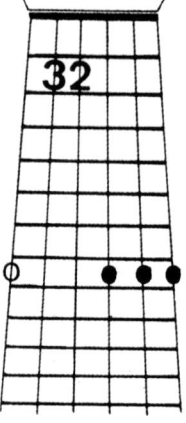

Preparação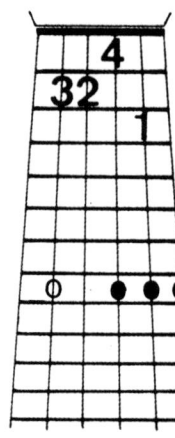

3.ª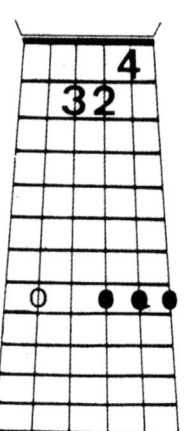

1.ª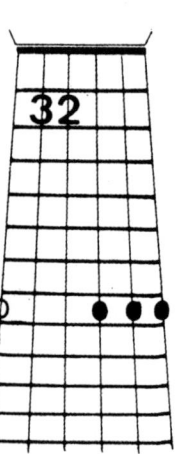

2.ª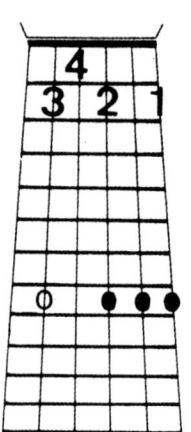

1.ª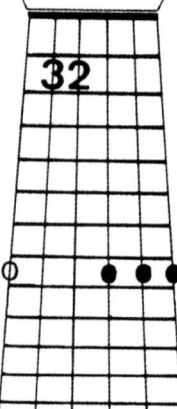

FÁ MENOR

1.ª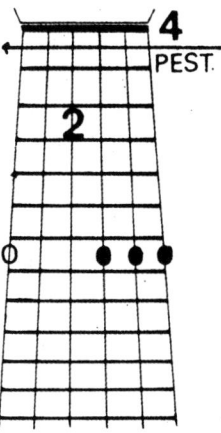

2.ª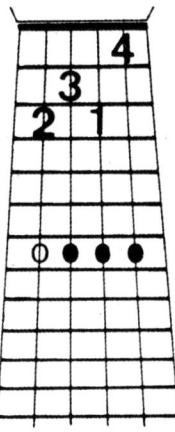

1.ª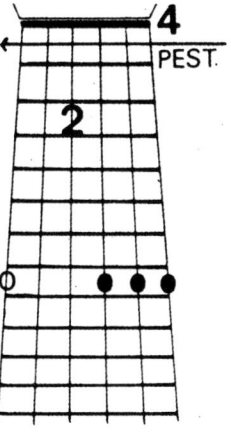

Preparação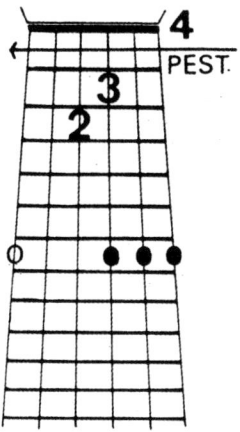

3.ª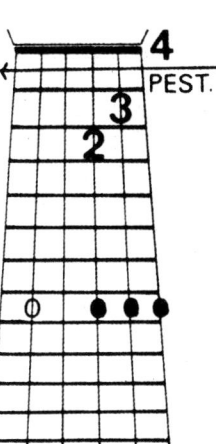

1.ª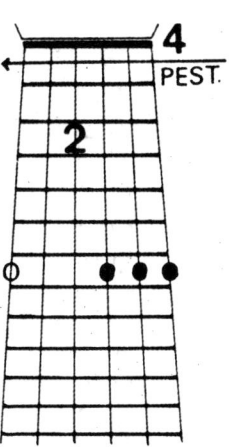

2.ª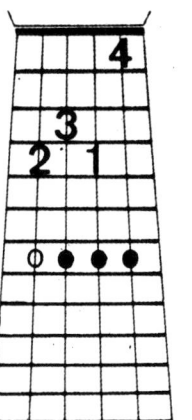

1.ª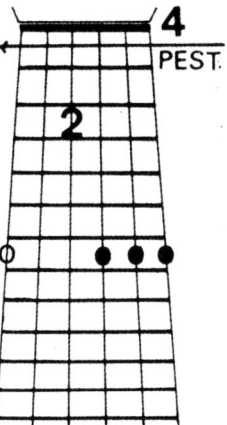

SI MENOR

1.ª
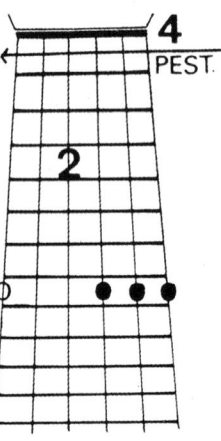

2.ª
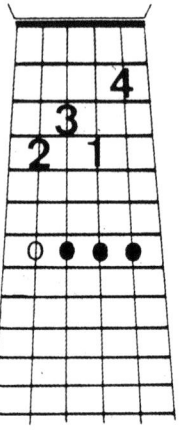

1.ª
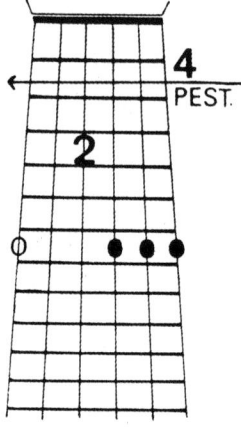

Preparação
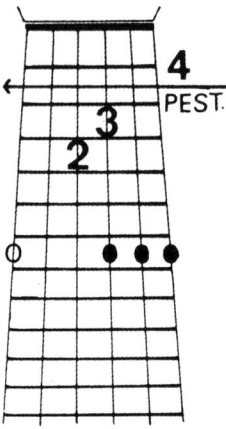

3.ª
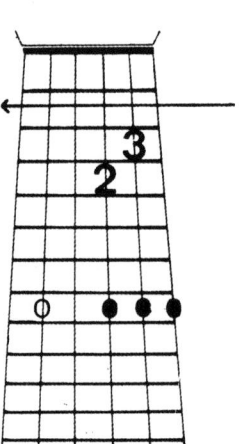

1.ª
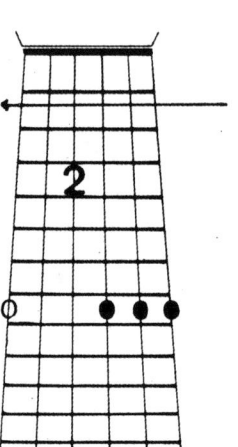

2.ª
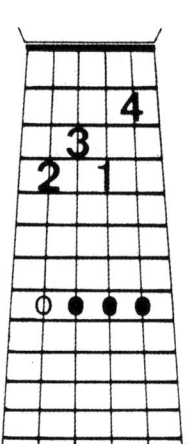

1.ª
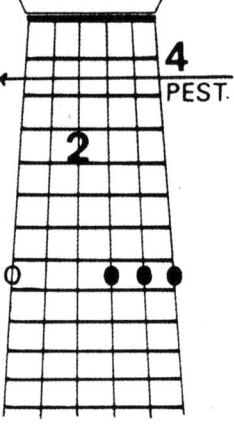